# Lectura eficaç

## Jocs de Lectura 65

# Torna'm l'anell, cap d'estornell

Alfredo Corcho Asenjo

Bruño

Direcció del projecte editorial
**Antonio Díaz**
Cap de publicacions de material complementari
**Bruno Bucher**

Edició
**Marga G. Borràs**

Coordinació de disseny
**Cristóbal Gutiérrez**

Il·lustració de coberta
**Alicia Cañas**
Il·lustració d'interiors
**José Luis Tellería**

Les activitats d'aquest quadern, que es basen en el llibre *Torna'm l'anell, cap d'estornell,* d'Enrique Páez, publicat pel Grupo Editorial Bruño en la seva col·lecció «Altamar», número 18, estan elaborades d'acord amb els criteris psicopedagògics i els requeriments del Projecte Editorial de **Jocs de Lectura - Lectura Eficaç** (versió 2005).
La denominació **Jocs de Lectura - Lectura Eficaç** (distintiu amb gràfic) està enregistrada a nom de Grupo Editorial Bruño, S. L. (marca M1567099).

© del text: Alfredo Corcho Asenjo, 2009
© d'aquesta edició: Grupo Editorial Bruño, S. L., 2013
  Juan Ignacio Luca de Tena, 15
  28027 Madrid

ISBN: 978-84-216-6353-0
Dipòsit legal: M-2531-2011
*Printed in Spain*

# Abans de llegir el llibre

Observa la portada del llibre *Torna'm l'anell, cap d'estornell* i contesta, amb els teus companys, aquestes preguntes:

1. Què hi veus en la portada?
2. Com definiries l'expressió de la cara del personatge? Creus que expressa alegria aquesta forma de somriure?
3. Ara, llegeix la contraportada. Com es classifica aquest llibre? Per què es pot classificar així?
4. Has llegit mai algun llibre en què els ordinadors siguin part del relat?
5. Torna a mirar la portada i digues alguna raó que justifiqui que el dibuix representa una noia. Justifica que també podria representar un noi. Com es dirien en cada cas?
6. En la pàgina 139 del llibre hi ha l'índex. Tens dos minuts per llegir-lo. Quins capítols et semblen més interessants? Per què?
7. Què et suggereix el títol del llibre?

L'autor del llibre confessa que aquesta història la hi van explicar els mateixos protagonistes. Vosaltres, ara, llegint el llibre, podreu conèixer les raons per les quals l'escriptor va voler escriure-la. Com ell, us sentireu intrigats i també tindreu, com ell, la necessitat d'explicar-la.

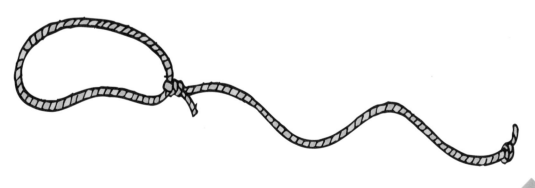

# Tipus de jocs

 **Per llegir millor**

 **Atenció i habilitat visual**

 **Vocabulari**

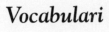 **Sintaxi i estil**

 **Memòria**

 **Comprensió**

 **Lectura en veu alta**

# Índex

# Capítol 1
La guerra dels canals
Un programa en quarantena

## Comprensió de la lectura

1. **Què es va sentir través de l'altaveu de l'estudi?**

   a) La veu del tècnic de so.
   b) La veu del productor tècnic.
   c) La veu del productor de muntatge.

2. **A què es negava sempre la Maija Varela?**

   a) A crear ambients i situacions insòlites.
   b) A augmentar l'índex de publicitat.
   c) A sortir a través de la pantalla.

3. **Qui era en Pedro F. Cardenal?**

   a) El president de Canal 12.
   b) Un company de la Maija.
   c) El cap de personal de Canal 12.

4. **Què estaven a punt de fer al Canal 12?**

   a) El salt a escala nacional.
   b) A tallar i empalmar les seqüències del programa.
   c) A revelar l'amagatall de l'anell mitja hora abans.

5. **A la sala de muntatge de Canal 12...**

   a) es vivia amb nerviosisme el final del muntatge.
   b) planava l'amenaça de la competència.
   c) planava la idea d'un robatori.

6. **El decorat de Canal Total...**

   a) semblava tret d'un conte de fades.
   b) intentava evocar un bosc encantat.
   c) era més aviat grotesc.

7. **Què feien els pallassos Poc i Moc?**

   a) Fingien lluitar contra el doctor Crowley.
   b) Ho veien tot en una bola de vidre.
   c) Fingien ser la parella concursant.

8. **On estava amagat, l'anell?**

   a) A la cistella de la Caputxeta Vermella.
   b) A la panxa del llop.
   c) A la caseta dels tres porquets.

9. **Com tancaven l'emissió, els de Canal Total?**

   a) Amb una presa semblant a la de Canal 12.
   b) Amb unes entrevistes fingides.
   c) Amb un anunci.

10. **La Maija va saber que el seu cap...**

    a) l'esperava per demanar-li explicacions.
    b) l'aniria a veure al despatx.
    c) volia saber qui era l'espia.

11. **Com era la butaca d'en Pedro?**

    a) Com les de director de cinema.
    b) De pell negra.
    c) Molt còmoda, de vellut negre.

12. **Què hi deia a l'historial de la Maija?**

    a) Que va ser corresponsal de guerra.
    b) Que era una bona espia.
    c) Que passava informació a Canal Total.

13. **Per un instant, la Maija...**

    a) va dubtar d'en Pedro.
    b) va retornar al passat.
    c) es va posar a plorar.

14. **La Maija, de qui es malfiava?**

    a) De tothom qui tenia accés al guió.
    b) Del seus companys.
    c) No es malfiava de ningú.

15. **En Pedro li havia recordat l'època de corresponsal...**

    a) per fer-li passar un mal tràngol.
    b) perquè veiés que ho sabia.
    c) perquè elaborés un pla segur de control.

16. **Després de tancar els calaixos amb clau, què va fer la Maija?**

    a) Va sortir al passadís.
    b) Va recollir els papers de damunt la taula.
    c) Es va posar un mocador palestí.

17. **Per què a en Braulio li deien Flipper?**

    a) Perquè era el nom del dofí.
    b) Perquè era un apassionat de les maquinetes.
    c) Perquè només bevia Mirinda.

18. **La Maija escrivia els guions del programa...**

    a) amb tres dies d'antelació.
    b) al seu despatx.
    c) al seu ordinador personal.

19. **De què anava el programa d'aquell dia?**

    a) D'una presó de màxima seguretat.
    b) De la vida dintre d'un camp de concentració.
    c) De lladres i policies.

20. **Com s'acaba el capítol?**

    a) La Maija entra al despatx d'en Pedro.
    b) La Maija surt de l'emissora fent-se un munt de preguntes.
    c) Algú ha evitat les mesures de seguretat i ha entrat a l'estudi amb la intenció de sostraure l'anell.

## Vocabulari

**Omple els buits de les frases següents amb les paraules del requadre. Si cal, busca'n el significat en el diccionari.** ◆

| a ràfegues | boicotegés | endebades | paròdies |
|---|---|---|---|
| mal tràngol | de cap a peus | plagi | matusser |

○ Les actuacions dels humoristes Poc i Moc eren _____ del programa de la Maija.

○ La Maija sempre donava les ordres _____, com un telegrama.

○ Van aparèixer enmig d'un decorat _____ que intentava evocar un bosc encantat.

○ No pensis més en el mal que t'han fet; no vull que passis un _____.

○ Malgrat que es van activar totes les mesures de protecció, tot va ser _____.

○ Ningú no sabia com, però en Poc i Moc havien copiat _____ tot el programa.

○ El programa de Canal Total era un _____ del programa de la Maija.

○ La Maija no podia permetre que ningú del seu equip _____ la seva feina.

## Per llegir millor

**Fes el recorregut de cada columna fixant l'ull en la línia central. Has de llegir cada paraula o expressió d'un sol cop d'ull. Després, torna-les a llegir més ràpidament.** ◆

| | | |
|---|---|---|
| màster | fibrosa | ridícula |
| malgrat | marxar | recerca |
| pantalla | gràcies | fingides |
| vigorosa | insòlites | despatx |
| guionista | mantenia | pallassos |
| inquietant | intentaven | descobert |
| enigmàtica | humoristes | entrevistes |
| mal tràngol | beneficiava | intercalaven |
| va continuar | saltironaven | espectadors |
| havia amagat | barroerament | quatre hores |
| antics carrers | de cap a peus | arribar a casa |
| donant ordres | sobreimpresos | a càrrec nostre |
| repartir papers | meticulosament | la meva carrera |
| primeres planes | índex d'audiència | productor tècnic |
| els dos pallassos | una còpia ridícula | perdre una batalla |

Temps 1: _____

Temps 2: _____

# Fes memòria

**Subratlla les deu paraules o expressions que han sortit en les tres columnes de la pàgina anterior.** ◆

- productor tècnic
- estar connectats
- de cap a peus
- a càrrec nostre
- índex d'audiència
- guionista
- visionari
- insòlites
- mala bava
- mediocres
- fibrosa
- endebades
- mal tràngol
- paròdies
- jugar fort
- màster
- cranc
- recerca
- malfiar
- idea clau

# Lletres i nombres

**Escriu el nombre de vegades que es repeteixen les lletres i els nombres que hi ha a sota de cada requadre.** ◆

| A | D | B | P | Q | F | A | I | L |
|---|---|---|---|---|---|---|---|---|
| P | R | S | T | A | G | H | B | Ç |
| C | J | L | K | B | Z | S | R | A |
| P | S | B | L | W | P | O | X | Y |
| Z | L | A | V | I | B | K | U | B |

A = ___   B = ___
P = ___   L = ___

| 8 | 4 | 6 | 0 | 7 | 8 | 3 | 5 | 9 |
|---|---|---|---|---|---|---|---|---|
| 2 | 1 | 5 | 9 | 1 | 6 | 0 | 1 | 4 |
| 0 | 6 | 3 | 3 | 1 | 2 | 5 | 7 | 1 |
| 1 | 2 | 4 | 3 | 0 | 4 | 8 | 1 | 2 |
| 8 | 7 | 1 | 2 | 9 | 7 | 6 | 8 | 3 |

8 = ___   0 = ___
2 = ___   1 = ___

| d | S | A | b | c | Y | U | I | B |
|---|---|---|---|---|---|---|---|---|
| u | C | d | x | R | d | a | F | g |
| R | Z | s | B | p | R | B | k | g |
| B | d | z | o | S | B | l | v | W |
| A | X | B | f | c | m | d | s | T |
| D | R | X | k | l | t | s | v | Y |
| q | s | B | t | m | s | p | d | H |
| Q | B | f | g | k | e | h | B | z |
| c | D | l | s | d | x | t | u | R |

d = ___   g = ___
R = ___   B = ___

| 1 | D | 5 | P | 7 | F | 2 | I | 8 |
|---|---|---|---|---|---|---|---|---|
| S | 6 | H | 4 | K | 5 | F | 8 | S |
| 5 | R | 4 | T | 8 | G | 2 | B | 4 |
| C | 6 | L | 9 | H | 5 | F | 3 | M |
| 3 | F | 6 | 4 | P | 7 | S | 6 | F |
| S | 1 | G | 7 | X | 5 | A | 3 | 6 |
| 5 | Z | 5 | A | 9 | I | 4 | K | U |
| F | 2 | 7 | H | 4 | Y | N | 2 | Q |
| 8 | A | 5 | U | 9 | S | 2 | D | 5 |

5 = ___   3 = ___
S = ___   F = ___

## Per llegir millor

**En aquestes columnes hi ha algunes paraules repetides. Digues quines són i quantes vegades es repeteixen. ◆**

| | | |
|---|---|---|
| cranc | ajudar | pobre |
| pantalla | anell | nebot |
| pantalla | amenaça | claus |
| cranc | recolzar | parets |
| decorat | recolzar | equip |
| desastre | tancar | claus |
| acabar | ajudar | plagi |
| ràfega | portar | única |
| enfosquir | ombra | claus |
| cambra | recolzar | nebot |
| cranc | moment | bosc |
| anell | ombra | claus |
| decorat | desastre | ningú |
| calaixos | ajudar | nebot |
| aparells | fibrosa | bosc |
| terrat | recolzar | anell |
| índex | amagatall | claus |
| decorat | ajudar | petita |
| cranc | recolzar | nebot |
| bellesa | ombra | carrera |

| Paraula | Vegades |
|---|---|
| _____ | ___ |
| _____ | ___ |
| _____ | ___ |

| Paraula | Vegades |
|---|---|
| _____ | ___ |
| _____ | ___ |
| _____ | ___ |

| Paraula | Vegades |
|---|---|
| _____ | ___ |
| _____ | ___ |
| _____ | ___ |

## Habilitat visual

**Resol amb rapidesa les activitats que tens a continuació. ◆**

1. Busca la paraula repetida en les tres columnes: _____

2. Escriu les paraules de la primera columna que comencen per *a*:

   _____

3. Escriu, sense repetir-ne cap, les paraules de dues síl·labes de la segona columna:

   _____

4. Busca en la tercera columna les paraules que comencen per *p* i escriu-les en ordre alfabètic:

   _____

# Sopa de lletres

Busca aquestes paraules en la sopa de lletres. Pots trobar-les en totes les direccions. ◆

| publicitat |
| humoristes |
| audiència |
| guionista |
| estornell |
| pallassos |
| vestuari |
| beneficiava |
| programa |
| amagatall |
| escenari |
| apassionat |
| enxampar |
| mocador |
| altaveu |
| delicte |
| espia |
| anell |
| clan |
| pla |

| P | U | B | L | I | C | I | T | A | T | G | L | V | A | S |
|---|---|---|---|---|---|---|---|---|---|---|---|---|---|---|
| A | L | G | D | S | P | L | L | A | T | A | G | A | M | A |
| L | Z | A | E | M | F | B | M | T | Y | Z | Q | P | A | A |
| L | B | X | L | O | V | M | E | S | C | E | N | A | R | I |
| A | V | A | I | C | I | F | E | N | E | B | C | B | G | P |
| S | E | A | C | A | X | P | M | T | H | X | K | X | O | S |
| S | P | P | T | D | T | V | P | F | U | Y | F | A | R | E |
| O | C | A | E | O | E | N | X | A | M | P | A | R | P | J |
| S | V | S | A | R | J | G | U | I | O | N | I | S | T | A |
| F | X | S | L | D | T | X | C | M | R | F | M | T | L | Q |
| H | Z | I | T | F | T | A | U | D | I | E | N | C | I | A |
| G | B | O | A | K | F | L | T | F | S | S | N | G | K | N |
| P | C | N | V | V | P | V | E | S | T | U | A | R | I | E |
| V | G | A | E | S | T | O | R | N | E | L | L | L | P | L |
| L | O | T | U | F | G | K | P | A | S | D | C | F | H | L |

# Construeix frases

Ordena les paraules dels rectangles i podràs formar dues frases del capítol 2. ◆

| Jo no puc | Tothom és | de debò. |
| de confiança absoluta, | dels meus companys. | dubtar |

1. _____

2. _____

## Completa paraules

Completa aquestes paraules del capítol 2 amb les lletres que falten. ◆

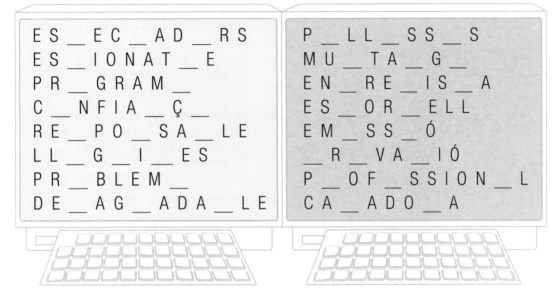

```
E S _ E C _ A D _ _ R S        P _ L L _ S S _ _ S
E S _ I O N A T _ _ E          M U _ _ T A _ G _ _
P R _ _ G R A M _               E N _ R E _ I S _ A
C _ N F I A _ Ç _               E S _ O R _ E L L
R E _ P O _ _ S A _ L E         E M _ S S _ Ó
L L _ G _ I _ _ E S             _ R _ V A _ I Ó
P R _ _ B L E M _               P _ O F _ S S I O N _ L
D E _ _ A G _ A D A _ L E       C A _ _ A D O _ _ A
```

## Lectura en veu alta

Llegeix aquest fragment del capítol 2 i vés canviant cada símbol ✵ per una de les paraules que hi ha en la mateixa línia del requadre de la dreta. Fes-ho sense trencar el ritme de la lectura. ◆

—Hauràs de posar tot el teu grup sota ✵ .

—Jo no puc dubtar dels meus ✵ , Pedro.

—Ho sento, Maija, però ara es tracta d'✵ un ✵ de debò. La informació que tenen els de Canal Total ha ✵ d'algú de l'equip que fa «Torna'm l'anell, cap d'estornell». No et ✵ de ningú?

—No... La veritat és que per més que hi ✵ i repasso mentalment tothom que té accés al ✵ , no imagino qui ens pot ✵ . Tothom és de ✵ absoluta, de debò.

| | |
|---|---|
| sospita | observació |
| sentiments | companys |
| aclarir | enxampar |
| espia | lladre |
| arribat | sortit |
| | |
| malfies | confies |
| barrino | miro |
| secret | guió |
| trair | ajudar |
| estima | confiança |

## Comprensió de la lectura

**1. Què publicaven, tots els diaris?**

   a) Opinions de diversos periodistes.
   b) Invents i secrets militars.
   c) El cas de l'espionatge televisiu.

**2. Qui era en Manuel Guijarro?**

   a) Un col·lega d'en Pedro.
   b) El president de la Societat d'Autors.
   c) El secretari de la Societat d'Autors des de feia 20 anys.

**3. En Pedro volia que els de Canal Total...**

   a) lliuressin els guions a en Manuel Guijarro.
   b) anessin a judici per plagiar.
   c) no fessin cap programa.

**4. A qui hauria de fer costat la Societat d'Autors?**

   a) A qui acceptés que els seus guions fossin revisats per un tribunal.
   b) A qui es comprometés a no plagiar.
   c) A l'emissora que acceptés lliurar els guions.

**5. L'escriptor de novel·les d'aventures...**

   a) va votar a favor de la proposta d'en Manuel.
   b) va votar en contra d'en Manuel.
   c) no va voler votar.

**6. Tothom va sortir satisfet de la sala de juntes...**

   a) menys en Manuel Guijarro.
   b) menys un escriptor de novel·les.
   c) menys un compositor de música.

**7. En Manuel es va prendre mitja aspirina perquè...**

   a) ho feia cada nit abans de dormir.
   b) tenia mal de cap.
   c) així podria dormir.

**8. Què proposava la Societat d'Autors?**

   a) Una idea semblant a la d'en Pedro.
   b) Una idea totalment diferent de la d'en Pedro.
   c) El mateix que en Pedro havia dit.

**9. En Pedro creia que els de Canal Total...**

   a) no acceptarien la proposta.
   b) no es deixarien ensarronar.
   c) acceptarien la proposta per escrit.

**10. La Maija estava disposada a renunciar a la feina perquè...**

   a) no sabia com descobrir l'enemic.
   b) no trobava a l'emissora ningú que l'ajudés.
   c) no es veia capaç de trobar el culpable.

**Digues si les afirmacions següents són veritables (V) o falses (F).**

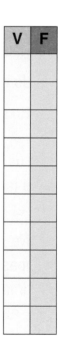

| | V | F |
|---|---|---|
| **1.** El venedor va regalar a la Maija i en Flipper un mussol de la sort. | | |
| **2.** En Flipper solia comportar-se com un nen petit. | | |
| **3.** La Maija havia decidit ensenyar els guions només als seus col·laboradors. | | |
| **4.** La Maija no sabia què portava el doctor Crowley al sobre. | | |
| **5.** A les sis, els del Canal 12 es van posar a treballar amb gran intensitat. | | |
| **6.** A la Maija li semblava que baixava l'audiència de Canal 12. | | |
| **7.** Els convidats de la Maija eren diversos actors. | | |
| **8.** Els decorats de Canal 12 i Canal Total no s'assemblaven de res. | | |
| **9.** L'anell vertader de Canal Total penjava del sostre. | | |
| **10.** En Pedro no va acceptar la renúncia provisional de la Maija. | | |

# Vocabulari

**Escriu les paraules i expressions del requadre davant de la definició corresponent.** ◆

> lacrar    ser la riota    estona    assessorament
>
> anar al gra    lliurar    anar de bòlit    esfereïdora

_____ Atendre el que és més important
i prescindir del que és secundari.

_____ Que produeix por.

_____ Actuar precipitadament a causa
de tenir moltes ocupacions.

_____ Espai de temps de no gaire durada.

_____ Posar en mans o en poder d'algú.

_____ Tancar un sobre amb un segell de
pasta per assegurar-ne la integritat.

_____ Provocar rialles de burla.

_____ Acció o efecte d'aconsellar.

# Completa frases

**Completa les frases següents amb algunes de les paraules del vocabulari.** ◆

◻ Aquesta tarda hauré d'anar a _____ a la Secretaria
la documentació que m'han demanat.

◻ Abans de comprar el cotxe, el meu pare buscà
l'_____ d'un tècnic amic.

◻ Aquell noi es va quedar una _____ pensant les paraules
que havia de dir.

◻ Per enviar aquesta documentació, cal _____ el sobre
a l'oficina de Correus.

◻ Si vols anar ràpid, has d'_____ i contestar només allò
que et demanen.

◻ Aquesta setmana, tots els membres de la junta han hagut d'_____
_____ per preparar la festa major.

# Noms, verbs i adjectius

Completa el quadre amb els noms, els verbs o els adjectius que hi falten. ◆

| Nom | Verb | Adjectiu |
|---|---|---|
| esperança | | |
| | | opinable |
| | denunciar | |
| enveja | | |
| | | telefònic |
| so | | |
| | honrar | |
| obligació | | |
| | | programàtic |
| | facilitar | |
| | | televisiu |
| | discutir | |
| | | equívoc |
| raonament | | |
| | responsabilitzar-se | |

# El missatge secret

Substitueix cada nombre per la lletra corresponent de la clau i sabràs quina decisió va prendre la Maija. ◆

| | | | | | |
|---|---|---|---|---|---|
| 1. P | 4. Q | 7. E | 10. O | 13. A | 16. D |
| 2. B | 5. R | 8. I | 11. U | 14. M | 17. J |
| 3. S | 6. C | 9. H | 12. N | 15. T | |

<u>1 7 12 3 10</u>   <u>16 7 3 6 10 2 5 8 5</u>   <u>4 11 8</u>   <u>14 9 13</u>   <u>1 13 5 13 15</u>

<u>13 4 11 7 3 15 13</u>   <u>15 5 13 14 1 13</u>   <u>8</u>   <u>16 7 14 10 3 15 5 13 5 7</u>

<u>4 11 7</u>   <u>3 10 6</u>   <u>8 12 12 10 6 7 12 15</u>.   <u>9 10</u>   <u>17 11 5 10</u>!

## Per llegir millor

**Fes el recorregut de cada columna fixant l'ull en la línia central. Has de llegir cada paraula o expressió d'un sol cop d'ull.** ◆

| | | |
|---|---|---|
| plorar | textos | enveja |
| trampa | suposo | pensar |
| explicar | robatori | mentida |
| autoritat | enemics | resoldre |
| cadenes | emissora | innocent |
| contacte | teranyina | renúncia |
| veritable | productor | anell fals |
| entretenir | obligar-los | descobrir |
| comissaria | innocència | encaminar |
| provisional | demostraré | costelletes |
| drets d'autor | papir egipci | fil pel randa |
| anem de bòlit | l'escalforeta | l'oportunitat |
| sala de juntes | anirem al gra | mirada freda |
| primera plana | molt desconfiat | l'autèntic anell |
| junta directiva | la competència | cosa de bruixes |
| tenia mal de cap | línies de telèfon | truita de patates |
| Societat d'Autors | pensar el mateix | la mar de content |

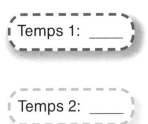

Temps 1: _____

Temps 2: _____

## Sinònims i antònims

**Escriu per a cada paraula de la columna central el sinònim i l'antònim que li corresponen.** ◆

| Sinònims | | Paraules | | Antònims |
|---|---|---|---|---|
| capaç | | vigorosa | | primmirat |
| arreplegar | | enxampar | | original |
| infreqüent | | sospita | | feble |
| forta | | plagi | | receptor |
| curós | | matusser | | confiança |
| atrapar | | recollir | | incapaç |
| groller | | emissor | | comú |
| comunicador | | competent | | perdre |
| dubte | | insòlit | | descurat |
| còpia | | meticulós | | escampar |

# Fes memòria

**Subratlla les deu paraules o expressions que han sortit en les tres columnes de la pàgina anterior.** ◆

- castell
- entrepans
- programa
- filferros
- fil pel randa

- junta directiva
- papir egipci
- dinar campestre
- mussol de la sort
- tenia mal de cap

- menjador
- Canal Total
- proposta
- anirem al gra
- mirada freda

- pensar el mateix
- una mica rondinaire
- truita de patates
- Societat d'Autors
- cosa de bruixes

# Encadenat

**Col·loca aquestes paraules en el lloc adient de l'encadenat.** ◆

- ESBUDELLADOR
- RATOLÍ
- URGÈNCIA
- JUNTA
- TERROR
- DARRERAMENT
- REUNIÓ
- BUTACA
- TELÈFON
- NOTARI
- FANTÀSTIQUES
- MAIJA
- ACUSAR
- FERRADURA
- MAQUILLATGE
- INNOCENT
- ACABAVEN
- TERANYINA
- PERIODISTES
- PRESSA
- ROBATORI
- CASTELL

# Paraules bessones

Les paraules de la columna A estan repetides en les columnes B i C, però en diferent ordre. Indica la posició que ocupen les paraules de la columna A en les altres dues columnes. ◆

| A | B | C | A | B | C |
|---|---|---|---|---|---|
| 1. primera | 1. costum | 1. menjador | 1. | | |
| 2. cançons | 2. jutge | 2. decidir | 2. | | |
| 3. plana | 3. judici | 3. denunciar | 3. | | |
| 4. denunciar | 4. setmanes | 4. músic | 4. | | |
| 5. judici | 5. guions | 5. comissaria | 5. | | |
| 6. emissió | 6. menjador | 6. concurs | 6. | | |
| 7. costum | 7. comissaria | 7. compositor | 7. | | |
| 8. músic | 8. decidir | 8. guions | 8. | | |
| 9. decidir | 9. plagiar | 9. plana | 9. | | |
| 10. jutge | 10. músic | 10. setmanes | 10. | | |
| 11. guions | 11. vídeo | 11. cançons | 11. | | |
| 12. compositor | 12. concurs | 12. costum | 12. | | |
| 13. notari | 13. parlar | 13. vídeo | 13. | | |
| 14. vídeo | 14. primera | 14. primera | 14. | | |
| 15. plagiar | 15. compositor | 15. parlar | 15. | | |
| 16. concurs | 16. denunciar | 16. judici | 16. | | |
| 17. setmanes | 17. notari | 17. plagiar | 17. | | |
| 18. comissaria | 18. plana | 18. emissió | 18. | | |
| 19. menjador | 19. emissió | 19. jutge | 19. | | |
| 20. parlar | 20. cançons | 20. notari | 20. | | |

# Ordre alfabètic

Ordena alfabèticament les paraules de la columna A. ◆

1 _____ 6 _____ 11 _____ 16 _____

2 _____ 7 _____ 12 _____ 17 _____

3 _____ 8 _____ 13 _____ 18 _____

4 _____ 9 _____ 14 _____ 19 _____

5 _____ 10 _____ 15 _____ 20 _____

## Comprensió de la lectura

1. **La Maija va esclafir a plorar...**
   a) perquè estava molt nerviosa.
   b) quan va entrar a casa.
   c) quan va tornar a Canal 12.

2. **Quan en Flipper va veure la Maija adormida...**
   a) es va posar a jugar amb l'ordinador.
   b) també se'n va anar a dormir.
   c) la va tapar amb una flassada.

3. **Per què s'enfadà en Flipper amb la seva tia?**
   a) Perquè el tractava com si fos un nen.
   b) Perquè sempre estava malhumorada.
   c) Perquè no comptava amb ell.

4. **Quin pla d'atac va proposar en Flipper?**
   a) Seguir treballant com si no passés res.
   b) Inventar un guió per veure com el robaven.
   c) Denunciar el fet a la policia.

5. **Què van fer diumenge la Maija i en Flipper?**
   a) Van planejar amb detall un pla d'atac.
   b) Van fer-se redactors.
   c) Van entrevistar en Poc i en Moc.

6. **Els guions, segons en Poc, eren...**
   a) transcripcions dels somnis del doctor Crowley.
   b) escrits originals del doctor Crowley.
   c) invencions d'un mag.

7. **En Poc i en Moc...**
   a) no sabien escriure ni una postal.
   b) no tenien res a veure amb l'afer.
   c) tenien un gran futur professional.

8. **Com pensava la Maija completar el reportatge?**
   a) Fent una entrevista per telèfon al doctor Crowley.
   b) Anant a casa del doctor Crowley.
   c) Demanant ajuda a en Poc i en Moc.

9. **Quin era el problema de la Maija?**
   a) Que no es creia en Poc i en Moc.
   b) Que el doctor Crowley ja l'havia coneguda.
   c) Que no sabia qui era aquell doctor.

10. **Què aconsegueix la Maija amb la seva entrevista a en Poc i en Moc?**
    a) El telèfon del doctor Crowley.
    b) La confessió del plagi que havien fet.
    c) L'adreça del doctor Crowley.

11. **Per què la Maija li deia Mumo, a l'ordinador?**
    a) Perquè era menys intel·ligent que una mula i més àgil que una mona.
    b) Perquè era molt silenciós.
    c) Perquè tenia música i un mòdem.

12. **La Maija, què havia revisat amb el mòdem?**
    a) La base de dades de la Universitat.
    b) Tots els arxius de la Biblioteca.
    c) Els arxius públics de la Biblioteca del Congrés de Washginton.

13. **Hi havia un tal Aleister Crowley considerat...**
    a) de l'orde de l'Apocalipsi.
    b) mag i satanista.
    c) la Bèstia de l'Apocalipsi 666.

14. **Però Aleister Crowley...**
    a) havia mort feia més de cinquanta anys.
    b) era anglès i tenia accent asturià.
    c) era la mala peça que buscava.

15. **La Maija havia de comprovar...**
    a) si era anglès, malgrat el seu accent.
    b) que no fos simplement un suplantador.
    c) que no hagués entrat un virus a l'ordinador.

16. **En Flipper insistí a disfressar-se...**
    a) perquè ningú no els reconegués.
    b) perquè li agradava molt el carnaval.
    c) perquè volia que la Maija es distragués.

17. **La Maija va quedar callada de sobte...**
    a) i va entendre la insistència d'en Flipper.
    b) i va engegar en Flipper a passeig.
    c) i va obrir molt els ulls per pensar.

18. **En arribar a l'adreça que els havien donat, els dos pallassos van descobrir que...**
    a) en Poc i en Moc els havien enredat.
    b) era un casalot tenebrós i sense llum elèctrica.
    c) el número de la casa estava equivocat.

19. **Tots dos disfressats es van presentar com a...**
    a) dos investigadors.
    b) dos periodistes de la revista *Meteoritos*.
    c) una monja i un gnom del bosc.

20. **El doctor Crowley es va fer enrere...**
    a) i va tancar la porta novament.
    b) perquè mai no concedia entrevistes.
    c) i va cedir el pas als dos suposats reporters.

# Vocabulari

**Ratlla les paraules de cada sèrie que no tenen el mateix significat que la paraula en negreta.** ◆

1. **bocabadat:** badat, sorprès, bocamoll, bocamànega, meravellat.
2. **tanoca:** tapioca, babau, ximplet, tafaner, poca-solta, capsigrany.
3. **gemegar:** generar, ploriquejar, grinyolar, geminar, rondinar.
4. **desistir:** renunciar, acostumar, cedir, arreplegar, abandonar.
5. **esdeveniment:** fet, incident, disgust, cas, contratemps.
6. **cambra:** gabial, habitació, dormidor, gabinet, dormitori.
7. **acostar-se:** apropar-se, adormir-se, aproximar-se, arrambar-se.
8. **jeure:** reposar, descansar, estirar-se, lleure, lleuger.
9. **flassada:** bufanda, abrigall, barret, manta, tapaboques.
10. **encetar:** encertar, començar, endevinar, iniciar, estrenar.

# Per llegir millor

**Busca quantes vegades es repeteix la paraula que encapçala cada sèrie.** ◆

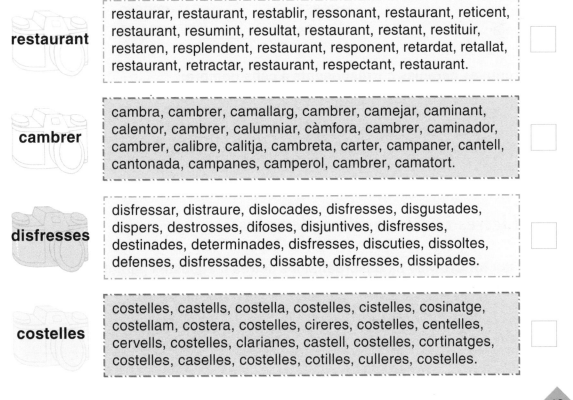

**restaurant**

restaurar, restaurant, restablir, ressonant, restaurant, reticent, restaurant, resumint, resultat, restaurant, restant, restituir, restaren, resplendent, restaurant, responent, retardat, retallat, restaurant, retractar, restaurant, respectant, restaurant.

**cambrer**

cambra, cambrer, camallarg, cambrer, camejar, caminant, calentor, cambrer, calumniar, càmfora, cambrer, caminador, cambrer, calibre, calitja, cambreta, carter, campaner, cantell, cantonada, campanes, camperol, cambrer, camatort.

**disfresses**

disfressar, distraure, dislocades, disfresses, disgustades, dispers, destrosses, difoses, disjuntives, disfresses, destinades, determinades, disfresses, discuties, dissoltes, defenses, disfressades, dissabte, disfresses, dissipades.

**costelles**

costelles, castells, costella, costelles, cistelles, cosinatge, costellam, costera, costelles, cireres, costelles, centelles, cervells, costelles, clarianes, castell, costelles, cortinatges, costelles, caselles, costelles, cotilles, culleres, costelles.

# Nombres i paraules

**Llegeix amb atenció les paraules de cada columna i, després, fes amb rapidesa els exercicis que tens a continuació.** ◆

| 33 | llàgrimes |
|----|-----------|
| 54 | consolar |
| 42 | sopar |
| 78 | estalvis |
| 97 | ennuegar |
| 11 | fotògraf |
| 7 | rastre |
| 26 | ximplets |
| 85 | tovalló |
| 60 | embolic |
| 38 | bombeta |
| 96 | adreça |
| 64 | reportatge |

| 83 | gemegava |
|----|-----------|
| 99 | flassada |
| 13 | torrades |
| 62 | periodistes |
| 58 | cafetera |
| 74 | raonava |
| 95 | reporters |
| 24 | terrassa |
| 47 | aventurers |
| 36 | bústia |
| 25 | delicte |
| 71 | cambrer |
| 46 | facilitat |

| 44 | esdeveniment |
|----|--------------|
| 67 | determinació |
| 28 | redactors |
| 81 | al·lucinacions |
| 39 | mòdem |
| 70 | suplantador |
| 51 | picaporta |
| 14 | inconvenients |
| 94 | disfressats |
| 12 | vacil·lació |
| 84 | entrevistes |
| 55 | dissimular |
| 27 | pallassos |

**Escriu els nombres corresponents a cada paraula:**

esdeveniment _____      picaporta _____      gemegava _____

tovalló _____      terrassa _____      embolic _____

suplantador _____      periodistes _____      fotògraf _____

**Escriu les paraules corresponents a cada nombre:**

27 _____      78 _____      81 _____

64 _____      55 _____      28 _____

97 _____      36 _____      99 _____

# Lletres i síl·labes desordenades

**El doctor Crowley ha desordenat les lletres d'aquestes paraules. Escriu-les correctament.** ◆

tacona _____      aturersven _____      brercam _____

drullac _____      vendersdi _____      navalcar _____

lètefno _____      calotsa _____      ssafredis _____

# Completa frases

Completa les frases següents amb una paraula o expressió de dins del requadre. ◆

```
del poble        interessava      Meteoritos       força
d'ira       a la guardiola      ha estat ofesa      adreça
desagradable          l'afer        del menjador       la guitza
```

1. Qui els ha donat la meva _____
2. T'hi convido jo amb els estalvis que tinc _____
3. Segurament hi deu haver gent molt _____
4. Només ho deia per fer-te _____
5. Va sortir de la cambra i es va acostar al sofà _____
6. Els direm que som redactors de la revista _____
7. La Maija va encetar el tema que realment li _____
8. En Poc i en Moc no tenien res a veure amb _____
9. Era un casalot tenebrós al límit _____
10. Van respirar profundament per agafar _____
11. Hi va entrar amb la dignitat de qui _____
12. La cara del doctor Crowley estava encesa _____

# Qui ho diu? Qui ho fa?

Escriu en l'espai buit el nombre del personatge que diu cada frase o que fa cada acció ◆

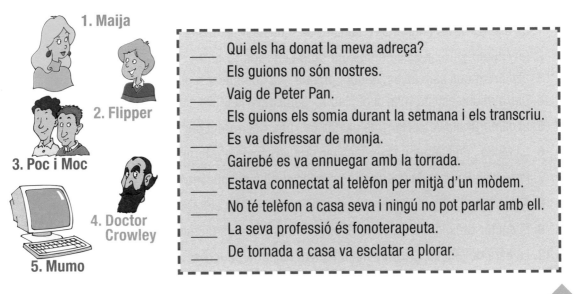

1. Maija
2. Flipper
3. Poc i Moc
4. Doctor Crowley
5. Mumo

____ Qui els ha donat la meva adreça?
____ Els guions no són nostres.
____ Vaig de Peter Pan.
____ Els guions els somia durant la setmana i els transcriu.
____ Es va disfressar de monja.
____ Gairebé es va ennuegar amb la torrada.
____ Estava connectat al telèfon per mitjà d'un mòdem.
____ No té telèfon a casa seva i ningú no pot parlar amb ell.
____ La seva professió és fonoterapeuta.
____ De tornada a casa va esclatar a plorar.

## Lectura en veu alta

**Ordena aquests paràgrafs i construeix un fragment del capítol 5. Després, llegeix-lo en veu alta.** ◆

—Si em tornes a dir nen, et tiro la cafetera pel cap, tia Fita. No faig broma.

—Em faré passar per periodista per poder investigar –va decidir la Maija.

En Flipper es va despertar amb l'olor de les torrades, ja a mig matí. La Maija tenia un humor indefinit i una mena de determinació escrita al front: trobar el culpable. D'això depenia tot el seu futur.

—Genial! –en Flipper gairebé es va ennuegar amb la torrada–. Jo seré el teu ajudant. Necessites un fotògraf...

—No ho sé pas, Flyppy. Això pot ser perillós. Aquest és un afer brut, i segurament hi deu haver gent molt desagradable. No és un joc de nens.

## Te'n recordes?

**Indica si aquestes afirmacions dels capítols 5 i 6 són veritables (V) o falses (F).** ◆

1. Ell mai no havia tingut gaire facilitat per consolar les noies. ____

2. En Flipper gairebé es va ennuegar amb l'entrepà. ____

3. Els direm que som investigadors privats –va començar a planejar la Maija. ____

4. Deixa'm una estona sola, si et plau... –gemegava la Maija sense deixar de plorar. ____

5. El cambrer els va portar tres pastissos i una Coca-Cola per a en Flipper. ____

6. La Maija i en Flipper anaven pel carrer disfressats d'infermera i detectiu. ____

7. Potser en Poc i en Moc ens van enredar perquè sospitaven alguna cosa. ____

8. A la casa no hi havia timbre perquè no hi havia llum elèctrica. ____

9. El doctor Crowley no existeix, Flippy. Va morir fa més de mig segle. ____

10. La cara del doctor Crowley manifestava l'alegria de tornar a veure la Maija. ____

# Identificació de paraules

En aquestes dues graelles hi ha vuit paraules repetides. Marca-les amb una creu (X) en la segona graella. ◆

| escrita | plorar | seguir | límit | càmera | ajudant |
|---------|--------|--------|-------|--------|---------|
| Era | senzill | apagar | retiro | rastre | tenebrós |
| futur | casalot | del | endeví | bombeta | revista |
| doctor | podrem | portava | sense | solució | diumenge |
| un | telèfon | adreça | al | poble | torrades |

| bromes | malalties | abonada | poble | ningú | arxius |
|--------|-----------|---------|-------|-------|--------|
| del | públic | anglès | mosca | bústia | batejar |
| disfressats | embolic | tenebrós | cortina | rastre | un |
| lladruc | al | música | Era | estona | cortina |
| guareix | casalot | germana | vacil·lació | reporters | límit |

Ordena les paraules que has marcat en la segona graella i podràs construir una frase del capítol 6.

_____

_____

# Lectura en veu alta

A mesura que vagis llegint el text en veu alta, vés substituint cada buit per la paraula adequada del rectangle de la dreta. ◆

La Maija es va quedar callada de sobte i va obrir molt els ___, com quan trobava una solució perfecta per a un ___. El que en Flipper estava dient és que, amb l'excusa del ___, es podrien ___ i anar a veure el doctor Crowley sense por que aquest pogués ___. És clar! Aquest Flippy de vegades era un geni.

Una ___ i Peter Pan van pujar al cotxe de la Maija, i ni els veïns no haurien estat ___ de reconèixer-los amb aquelles disfresses. Es van dirigir a Colmenar Viejo, on ___ el doctor Crowley, amb la intenció de fer-li una suposada ___ per a *Meteoritos,* una revista de ___ i d'actualitat.

4. disfressar
2. embolic
10. moda
3. carnestoltes
7. capaços
8. vivia
6. monja
5. identificar-la
1. ulls
9. entrevista

## Capítol 4
### Una entrevista diabòlica
### Hi ha un fantasma a casa

## Comprensió de la lectura

1. **La casa del doctor Crowley...**
   a) era una casa adossada.
   b) tenia un jardí força abandonat.
   c) semblava la mansió del terror.

2. **Al centre de l'habitació hi havia...**
   a) unes quantes espelmes que cremaven.
   b) unes estàtues de cossos deformes.
   c) una taula de fusta rodona i amb tres potes.

3. **En Flipper ja no en tenia cap dubte...**
   a) aquest bruixot era ben boig.
   b) la Maija estava molt disgustada.
   c) la casa estava embruixada.

4. **Com explicava el senyor Crespo la seva identitat com a doctor Crowley?**
   a) Perquè un esperit havia posseït el seu cos.
   b) Perquè el doctor Crowley s'havia reencarnat en un infant.
   c) Perquè hi havia intervingut el profeta de l'Eó d'Horus.

5. **Com explicava el doctor Crowley el mètode que utilitzava per escriure els guions?**
   a) A partir de les ones etèries de l'ambient.
   b) Amb l'ajuda dels planetes Mart, Urà i Saturn.
   c) Seguint el camí indicat per l'Eó d'Horus.

6. **Després de l'entrevista, la Maija i en Flipper arribaren a casa seva i...**
   a) van sentir uns sorolls procedents de l'estudi de la Maija.
   b) se n'anaren a dormir perquè ja eren les tres de la matinada.
   c) van trobar un intrús que regirava el despatx.

7. **Quan estaven a punt d'entrar a la cambra del fons...**
   a) l'ordinador ja no funcionava.
   b) l'ordinador es va apagar de sobte.
   c) van veure que allí no hi havia ningú.

8. **Per enxampar el lladre dels guions, la Maija i en Flipper van decidir...**
   a) fer torns de guàrdia, dia i nit, davant Mumo.
   b) denunciar la intromissió a la policia.
   c) esborrar tota la memòria de l'ordinador.

9. **El telèfon no sonava perquè...**
   a) havien posat el contestador automàtic.
   b) ningú no trucava des de fora.
   c) la línia sempre estava ocupada pel mòdem.

10. **Per a en Flipper, l'única cosa que li passava a Mumo era que...**
    a) potser s'havia tornat boig.
    b) s'havia espatllat i estava embruixat.
    c) tenia un virus informàtic.

11. **Per què en Flipper creia que havien d'anar amb compte amb aquell bruixot?**
    _____
    _____

12. **Quin dibuix representava l'anell que duia a la mà dreta el doctor Crowley?**
    _____

13. **En acabar l'entrevista amb el doctor Crowley, què va fer la Maija?**
    _____
    _____
    _____

14. **Per què quan es començava a aclarir una part del misteri, esdevenia alhora molt més impenetrable?**
    _____
    _____

15. **Què va passar a les tres de la matinada, quan en Flipper estava de guàrdia davant l'ordinador?**
    _____

## Per llegir millor

**Fes el recorregut de cada columna fixant l'ull en la línia central. Has de llegir cada paraula o expressió d'un sol cop d'ull. Després, torna-les a llegir més de pressa.** ◆

| | | |
|---|---|---|
| pell | sons | déus |
| ones | punts | flaire |
| cercle | agulla | bústia |
| càbala | racons | endeví |
| bruixot | mansió | mètode |
| llànties | energia | dimonis |
| neurones | exorcista | esoterista |
| missatger | bajanades | tafanejant |
| intencions | reencarnar | incredulitat |
| il·luminació | gesticulació | llànties d'oli |
| per si de cas | sons siderals | cera cremada |
| microcosmos | esgarrifances | veritablement |
| desintegració | macrocosmos | fonoterapeuta |
| porta de sortida | aparell de ràdio | quatre arcàngels |
| baixa freqüència | sabers hermètics | anar amb compte |
| bombolla de sabó | programa concurs | diàleg de marcians |
| decurs de la història | propietat intel·lectual | dimensió desconeguda |

Temps 1: _____

Temps 2: _____

## Vocabulari

**Escriu les paraules i expressions del requadre darrere de la paraula en negreta que tingui el mateix significat.** ◆

> xerrar - oir - foll - calfred - sentir - foraster - d'improvís
> analitzar - fulminant - destriar - tremolor - aliè - investigar
> estrany - garlar - inesperadament - forà - obrir la boca
> que li falta un bull - tocat de l'ala - de cop i volta - parar l'orella

**escoltar:** _____

**de sobte:** _____
_____

**esbrinar:** _____

**boig:** _____

**esgarrifança:** _____

**intrús:** _____

**parlar:** _____

# Fes memòria

**Subratlla les deu paraules o expressions que han sortit en les tres columnes de la pàgina anterior.** ◆

- doctor Crowley
- augmentava
- bajanades
- exorcista

- individu
- gesticulació
- bruixot
- parar l'orella

- decurs de la història
- diàleg de marcians
- li eriçava la pell
- bombolla de sabó

- anar amb compte
- catàstrofes
- mètode
- llànties

# Sopa de lletres

**Busca totes aquestes paraules en la sopa de lletres. Pots trobar-les en totes les direccions.** ◆

- telèfon
- soroll
- finestra
- ventilador
- ordinador
- monitor
- trencaclosques
- documents
- fantasma
- misteri
- aclarir
- transcórrer
- desconnectar
- mòdem
- disquets
- memòria
- teclat
- pantalla
- arxius
- impressora
- línia
- programa
- missatge
- invent

| A | R | O | S | S | E | R | P | M | I | S | O | R | O | L | L |
|---|---|---|---|---|---|---|---|---|---|---|---|---|---|---|---|
| X | P | B | R | Q | C | A | C | A | V | A | O | O | L | I | V |
| T | E | L | E | F | O | N | P | R | E | D | C | F | T | N | G |
| R | P | R | O | G | R | A | M | A | A | C | L | A | R | I | R |
| E | M | Y | D | A | H | P | A | N | T | A | L | L | A | A | S |
| N | E | D | O | M | T | M | I | S | S | A | T | G | E | R | F |
| C | D | I | T | S | O | D | O | C | U | M | E | N | T | S | V |
| A | X | S | A | D | R | J | F | A | L | B | A | P | E | I | E |
| C | A | Q | L | O | I | P | I | L | A | N | D | O | R | E | N |
| L | I | U | C | V | M | O | N | I | T | O | R | U | X | G | T |
| O | R | E | E | D | O | L | E | N | E | T | N | E | V | N | I |
| S | E | T | T | R | A | N | S | C | O | R | R | E | R | A | L |
| Q | T | S | A | F | A | N | T | A | S | M | A | U | T | C | A |
| U | S | T | M | V | A | I | R | O | M | E | M | F | U | A | D |
| E | I | X | C | A | V | A | A | R | X | I | U | S | K | R | O |
| S | M | A | C | D | E | S | C | O | N | N | E | C | T | A | R |

## Camp visual

**Llegeix horitzontalment aquestes línies fent un fixació en la línia central de les dues primeres columnes i en les dues línies de la tercera columna.** ◆

| | | |
|---|---|---|
| **1.** Tot dient això, | inclinava el front fins | a tocar amb ell un gruixut anell que |
| **2.** duia a la mà dreta. | La Maija s'hi va fixar: | hi duia gravat en relleu |
| **3.** un escarabat egipci, | i el dibuix havia | quedat marcat momentàniament |
| **4.** al front | del doctor Crowley. | La Maija va sentir que |
| **5.** li baixava | per l'esquena | una gota de suor freda. |
| **6.** Va mirar en Flipper, | que estava | mut i pàl·lid com la lluna. |
| **7.** Va decidir que | havia d'acabar | l'entrevista aviat, però no pas abans |
| **8.** d'obtenir tota | la informació possible, | i va tornar a l'atac. |
| **9.** —Perdoni | la meva incredulitat, | però no aconsegueixo comprendre |
| **10.** quin interès | pot tenir l'esperit | d'un summe sacerdot egipci, |
| **11.** que va morir fa | més de 5.000 mil anys, | a fer un programa-concurs per a |
| **12.** la televisió. El doctor | Crowley es va alçar | de la cadira com si l'haguessin punxat |
| **13.** amb una agulla. | Estava furiós. | |
| **14.** —Miri, germana, | senyoreta, o el que sigui, | vostè no ha de comprendre res. |
| **15.** Cap mortal | no pot demanar | explicacions als déus. |

## Agilitat visual

**Fes les activitats següents.** ◆

**a) Escriu el nombre de la línia en què es troben les paraules següents:**

| | | |
|---|---|---|
| agulla _____ | atac _____ | incredulitat _____ |
| programa _____ | germana _____ | entrevista _____ |
| esquena _____ | mortal _____ | cadira _____ |
| mà _____ | escarabat _____ | pàl·lid _____ |
| suor _____ | sacerdot _____ | furiós _____ |

**b) Escriu totes les paraules que tenen la lletra *b*:**

_____

_____

**c) Escriu totes les paraules acabades en *–ava*:**

_____

**d) Escriu totes les paraules que tenen la lletra *x*:**

_____

_____

# Sèries de paraules

**Busca quantes vegades es repeteix la paraula que encapçala cada sèrie.** ◆

**bruixot**

brunzit, brutesa, bruixot, brutícia, brutal, bruixot, brunyir, bruixa, bruixot, bufegar, bruixot, bruscament, brut, burgès, brusc, bruixot, brumir, brúixola, burxada, calçot, coixinet, bru, borralló, bruixot, bosquerol, brunzent, brusa.

**impressora**

impregnar, impressora, impossible, impostor, impressora, impost, impressora, impremta, imprès, impost, impressió, imprevisió, impressora, empresonar, impressora, impuls, improvisar, impressora, impostura, empresa, impressora.

**memòria**

mena, memoriós, memòria, menció, memorar, memòria, ment, meloner, menuda, menor, mentida, memòria, menor, menudesa, memòria, memorial, memorable, menorquí, memòria, menjador, mercaderia, memòria, meritòria.

**matinada**

matèria, matí, matiner, matinada, maternal, matinada, matisar, matinada, matís, matafoc, matinada, matalot, matalàs, matern, matriu, material, matriculada, matinejar, matinada, matrona, matinada, melmelada, matinada.

# Paraules intruses

**Busca amb rapidesa les tres expressions que s'han infiltrat en el text i subratlla-les.** ◆

Quan es començava a aclarir L'única cosa que una part del misteri, esdevenia alhora molt més impenetrable. Cada pista que intentaven descobrir acabava en un carreró sense sortida. L'única cosa clara era que, fos com fos, el doctor Crowley li robava els guions. I que probablement és que té un virus ho feia a través de l'ordinador i del telèfon. Hi havia uns quants punts inexplicables en tot això, com, per exemple, que Mumo no es podia encendre des de l'exterior; i que el doctor Crowley no tenia ni mòdem, ni ordinador, ni llum, ni tan sols telèfon. Allò no tenia cos, tot i que tenia ja cap i peus. Abans de ficar-se al llit, en Flipper va instal·lar un curiós invent li passa a Mumo consistent en una alarma a l'ordinador per si de cas durant la nit es tornava a encendre. Però no va passar res.

**Ordena les paraules subratllades i escriu una frase del capítol 8.**

# Percepció de les lletres

**Llegeix el text fixant la vista en la part superior de les paraules. ◆**

Les hores van transcórrer lentament, mentre en Flipper i la Maija s'alternaven en la vigilància de l'ordinador. Si haguessin descobert de bon començament que el lladre entrava a través del mòdem i del telèfon, la Maija podia haver evitat fàcilment els robatoris. Només calia desconnectar el telèfon del mòdem. I guardar els documents en disquets, en lloc de deixar-los emmagatzemats a la memòria central de Mumo. No havia tingut gaire cura, i ara s'adonava del gran valor dels seus escrits. Ja era massa tard. No podria tornar a CANAL 12 fins que no demostrés que el doctor Crowley li estava robant els guions. I per aconseguir-ho havia d'esbrinar com ho feia.

A les tres de la matinada, quan en Flipper estava gairebé adormit davant la pantalla de l'ordinador, aquest es va engegar tot sol. El telèfon no havia sonat. A la cambra no hi havia ningú més que ell. Mumo s'havia engegat sense que el toqués ningú, com accionat per un dit invisible.

**Contesta les afirmacions següents amb un sí o un no.**

✪ La Maija i en Flipper vigilaven el funcionament de l'ordinador tots dos alhora. _____

✪ La Maija i en Flipper sabien que el lladre entrava a través del mòdem i del telèfon. _____

✪ El lladre dels guions entrava a l'ordinador a través del mòdem i del telèfon. _____

✪ Mentre esperaven, el temps transcorria molt de pressa. _____

✪ El robatori es podria haver evitat si s'hagués desconnectat el telèfon del mòdem. _____

✪ Els guions estaven desats en la memòria central de Mumo. _____

✪ La veritat és que la Maija no havia tingut gaire cura dels seus escrits. _____

✪ La Maija estava tranquil·la perquè podia tornar a CANAL 12 quan volgués. _____

# Lectura en veu alta

**Llegeix en veu alta el text posant els verbs en present. Primer, prepara la lectura. ◆**

La casa del doctor Crowley semblava la mansió del terror. Si més no aquesta va ser la sensació que va tenir en Flipper quan hi va entrar. Cortines espesses de color de vi roig tapaven les finestres; parets gairebé cobertes amb llibres vells, màscares i estatuetes de cossos deformes. Una taula de fusta rodona i amb tres potes estava situada al centre de l'habitació, dins d'un cercle i d'una estrella de cinc puntes dibuixada a terra. Una flaire penetrant d'encens i de cera cremada ho impregnava tot. La il·luminació depenia d'algunes espelmes i algunes llànties d'oli distribuïdes de manera capritxosa per alguns racons. Tot tenia l'aspecte de ser excessivament vell.

## Comprensió de la lectura

1. **Què van decidir l'endemà la Maija i en Flipper?**

   a) Tornar a connectar Mumo.
   b) Desconnectar el telèfon del mòdem.
   c) Desar els documents en disquets.

2. **En Flippy va dir que els ordinadors...**

   a) són màquines estúpides, que no pensen.
   b) són accessibles als virus.
   c) no parlen sols.

3. **La Maija va marcar i es va quedar...**

   a) escoltant una cançó.
   b) esperant amb l'auricular enganxat a l'orella.
   c) escoltant sorolls estranys d'un mòdem.

4. **Algú va contestar la trucada de la Maija...**

   a) amb una veu apagada i tremolosa.
   b) des d'un lloc desconegut.
   c) amb una veu riallera i simpàtica.

5. **L'anomenat Centro Trígono era...**

   a) un gran centre comercial de la ciutat.
   b) una acadèmia d'informàtica.
   c) un centre d'estudis esotèrics.

6. **Al Centro Trígono no hi havia ningú que es dediqués...**

   a) a l'estudi dels mercats ni al comerç.
   b) a la informàtica.
   c) a fer espectacles de màgia.

7. **Què va fer la Maija després de penjar el telèfon?**

   a) Es va concentrar en la guia telefònica.
   b) Va quedar pensativa, sense saber què fer.
   c) Es va aixecar de la butaca tota enfurismada.

8. **En Flipper i la Maija van sortir al carrer...**

   a) perquè volien tornar a veure el doctor Crowley.
   b) mig amagats sota les caputxes.
   c) perquè volien passejar per la ciutat.

9. **La Maija i en Flipper van arribar al Centro Trígono i...**

   a) els va obrir la porta la secretària del centre.
   b) la sessió de ioga ja havia acabat.
   c) ningú no els va poder atendre.

10. **On es van esperar, en Flipper i la Maija?**

    a) Al despatx del director del centre.
    b) A la sala de reunions del centre.
    c) Al costat de la recepció.

11. **Què feien la Maija i en Flipper mentre s'esperaven?**

    a) Llegir el diari.
    b) Preparar l'entrevista amb el director.
    c) Llegir alguns cartells informatius.

12. **Quan el nou endeví es presentà davant d'ells...**

    a) la sorpresa de la Maija va ser gran.
    b) van veure que era un altre bruixot.
    c) s'adonaren que era un home sinistre.

13. **Després de presentar-se, el director...**

    a) els va acompanyar fins al carrer.
    b) els va acompanyar a una petita habitació.
    c) els ensenyà els arxius.

14. **En Javier feia cara d'estar una mica desconcertat...**

    a) perquè no coneixia de res la Maija.
    b) perquè la Maija el volia ensarronar.
    c) perquè no l'havia reconeguda.

15. **La Maija volia saber...**

    a) qui era el lladre dels guions.
    b) si el director estava dient la veritat.
    c) quant li pagaven pels guions que lliurava al doctor Crowley.

16. **Malgrat que la Maija l'estava acorralant,...**

    a) el director continuava fingint.
    b) el director contestava amb respecte.
    c) el director no semblava perdre la seguretat.

17. **En Javier va dir que només els podria ajudar si...**

    a) li demanaven excuses.
    b) li deien d'una vegada el que buscaven.
    c) li portaven una autorització de Canal 12.

18. **La Maija va dubtar un moment perquè en Javier...**

    a) no feia la fila de lladre que ella havia imaginat.
    b) transmetia desconfiança.
    c) feia cara d'amagar la veritat.

19. **En Javier va reconèixer que...**

    a) el seu ordinador tenia un virus.
    b) era ell qui els robava els guions.
    c) de nit, al seu ordinador, hi apareixien nombres.

20. **Una mica enfadat, en Javier va dir que...**

    a) ja podien marxar cap a casa.
    b) seria ell qui faria les preguntes a partir d'aquell moment.
    c) no volia continuar l'entrevista.

*Vocabulari*

**Indica quin és el significat que tenen les paraules i expressions següents en aquest capítol. ◆**

| | |
|---|---|
| **No caure-hi** | ☐ No encertar, endevinar o reconèixer un fet o persona.<br>☐ No anar a parar a terra, de dalt a baix, no lliscar. |
| **Sospitar** | ☐ No estar segur que una cosa sigui certa.<br>☐ Desconfiar d'algú o d'alguna cosa. |
| **Esbrinar** | ☐ Conèixer la veritat després d'una recerca.<br>☐ Treure els brins o les tiges d'una planta. |
| **Fer la fila** | ☐ Posar-se al costat d'altres persones per formar una línia recta.<br>☐ Cara, aspecte d'una persona. |
| **Sinistre** | ☐ Dany produït com a conseqüència d'una catàstrofe.<br>☐ Que presagia una desgràcia; funest. |
| **Codificat** | ☐ Que està escrit en un llenguatge secret, críptic, en clau.<br>☐ Que està recollit en el codi jurídic, com una llei. |
| **Franel·la** | ☐ Teixit lleuger de llana especialment indicat contra el fred.<br>☐ Perfum exquisit, d'olor suau i plaent. |

 *Per llegir millor*

**Fes el recorregut de cada columna fixant la vista en la línia central. Has de llegir cada paraula o expressió d'un sol cop d'ull. ◆**

| | Temps 1: ____ | | Temps 2: ____ | |
|---|---|---|---|---|
| classe | | afers | | rastre |
| endeví | | penso | | centre |
| tauleta | | cartells | | telèfon |
| finestra | | acabats | | pensava |
| buscava | | decidida | | trucades |
| sepulcral | | fer la fila | | evidència |
| aventurar | | tanmateix | | connectar |
| estar-ne tip | | parpellejar | | codificades |
| endevinació | | ensarronar | | directament |
| algunes hores | | la nit anterior | | està connectat |
| el mateix número | | tornaré a trucar | | es va concentrar |
| parlava directament | | si sortien de casa | | tauleta amb rodes |
| impedirien continuar | | mig amagats sota | | l'autora dels guions |
| al costat de la finestra | | una cortina de pluja | | li paguen pels guions |
| no es pot ficar-hi el nas | | el coneix personalment | | deixar-se tocar el nas |

## Fes memòria

**Subratlla les deu paraules o expressions que han sortit en les tres columnes de la pàgina anterior.** ◆

▶ codificades  ▶ parpellejar  ▶ individu  ▶ endevinació
▶ esdevenidor  ▶ enlairar  ▶ aventurar  ▶ afers
▶ ben assegut  ▶ sospitaven  ▶ decidir  ▶ tauleta amb rodes
▶ fer la fila  ▶ brollava  ▶ cartells  ▶ bona persona
▶ extenuades  ▶ genuí  ▶ connectar  ▶ parlava directament

## Textos diferents

**Els dos textos diuen el mateix, però en el segon hi ha algunes paraules o expressions canviades. Subratlla-les.** ◆

L'endemà van decidir tornar a connectar Mumo amb el número de telèfon que havia marcat la nit anterior, però ara controlarien ells la trucada. Volien esbrinar quina relació tenia aquest número de telèfon, i l'ordinador al qual estava connectat, amb el doctor Crowley. El camí dels guions desapareguts seguia definitivament aquesta direcció. Van intentar connectar unes quantes vegades, però no van aconseguir mai que cap ordinador respongués a Mumo. Finalment, la Maija va tenir una idea.

—Apaga l'ordinador i passa'm el telèfon, Flippy. Ara marcaré jo directament aquest número.

—Només aconseguiràs que et contestin sorolls estranys, Fita. Els ordinadors no parlen sols.

—Ja ho veurem. Tinc una sospita.

El dia següent van optar per tornar a connectar Mumo amb el número de telèfon que havia marcat la darrera nit, però ara supervisarien ells l'ordinador. Desitjaven esbrinar quina relació tenia aquest número telefònic, i l'ordinador al qual estava connectat, amb el doctor Crowley. El rastre dels guions desapareguts seguia segurament aquesta direcció. Van provar de trucar unes quantes vegades, però no van aconseguir mai que cap telèfon respongués a Mumo. Al final, la Maija va tenir un acudit.

—Tanca l'ordinador i dóna'm el mòbil, Flippy. Ara trucaré jo directament a aquest número.

—Solament aconseguiràs que et responguin sorolls insuportables, Fita. Els ordinadors no dialoguen sols.

—Ara mateix ho veurem. Tinc un dubte.

# Sinònims i antònims

A cada paraula de la columna A li correspon un sinònim i un antònim de les columnes B i C respectivament. Escriu el nombre corresponent en la columna de les respostes. ◆

| A | B | C | A | B | C |
|---|---|---|---|---|---|
| 1. seguretat | 1. autèntic | 1. alegre | 1. | ___ | ___ |
| 2. concloure | 2. fermesa | 2. equivocar-se | 2. | ___ | ___ |
| 3. sospita | 3. acabar | 3. inseguretat | 3. | ___ | ___ |
| 4. aventura | 4. atrapar | 4. confiança | 4. | ___ | ___ |
| 5. obligatori | 5. risc | 5. fals | 5. | ___ | ___ |
| 6. genuí | 6. forçat | 6. començar | 6. | ___ | ___ |
| 7. sepulcral | 7. unit | 7. deixar anar | 7. | ___ | ___ |
| 8. investigar | 8. lúgubre | 8. separat | 8. | ___ | ___ |
| 9. encertar | 9. endevinar | 9. seguretat | 9. | ___ | ___ |
| 10. semblança | 10. notori | 10. voluntari | 10. | ___ | ___ |
| 11. connectat | 11. consentir | 11. disparitat | 11. | ___ | ___ |
| 12. reconèixer | 12. esbrinar | 12. negar | 12. | ___ | ___ |
| 13. evident | 13. similitud | 13. ocult | 13. | ___ | ___ |
| 14. mortal | 14. recel | 14. vital | 14. | ___ | ___ |
| 15. enxampar | 15. letal | 15. ignorar | 15. | ___ | ___ |

# Encadenat

Col·loca aquestes paraules en el lloc adient de l'encadenat. ◆

goig
acord
imitant
ordit
alarma
propietari
idea
alumnat
fantàstic
caputxa
informàtica
missatge
connectat
investigar
codifica
gairebé

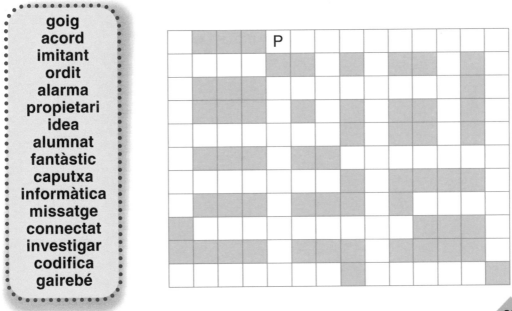

## Completa frases

**Completa les frases amb la paraula o expressió que falta.** ◆

| | | | |
|---|---|---|---|
| aquest número | a un mòdem | a tres quarts | centre d'estudis |
| refereixo | us plau | s'hi pot posar | tornar a | funcionava | molt agraïda |
| la guia telefònica | connectar | va contestar | l'encarregat | utilitza |

1. L'endemà van decidir _____ connectar Mumo.
2. Van intentar _____ diverses vegades, però no ho van aconseguir.
3. —Ara marcaré jo directament _____.
4. Des d'un lloc desconegut, algú _____ a la trucada.
5. L'altre costat de la línia estava connectat _____ d'un ordinador.
6. Durant el dia _____ com un telèfon corrent.
7. —Podria posar-me amb _____ d'informàtica d'aquest centre?
8. —En penso que s'equivoca. Aquest és un _____ esotèrics.
9. —Em _____ al propietari de l'ordinador que tenen vostès.
10. —Ell és l'únic que _____ un ordinador aquí.
11. —Puc parlar amb ell, si _____?
12. —Doncs ara mateix no _____, perquè està fent una classe.
13. —D'aquí _____ haurà acabat. Vol deixar-li algun missatge?
14. —No, _____. Tornaré a trucar més tard.
15. La Maija va penjar i es va concentrar en _____.

## Missatge secret

**Segueix la clau (E = esquerra, D = dreta) i descobriràs el missatge secret.** ◆

| E | | D |
|---|---|---|
| E | 1 | L |
| T | 2 | M |
| B | 3 | I |
| Q | 4 | D |
| Y | 5 | O |
| S | 6 | C |
| U | 7 | R |
| A | 8 | P |
| N | 9 | H |

<u>1E</u> <u>1D</u>　<u>1D</u> <u>1D</u> <u>1E</u> <u>5D</u>　<u>4E</u> <u>7E</u> <u>1E</u>　<u>9D</u> <u>3D</u>　<u>9D</u> <u>8E</u>

<u>8E</u>　<u>1D</u> <u>1E</u> <u>6E</u> <u>4E</u> <u>7E</u> <u>1E</u> <u>7D</u> <u>7D</u> <u>8E</u>'　<u>2D</u> <u>3D</u> <u>7D</u> <u>8E</u> <u>9E</u> <u>2E</u>

<u>8E</u> <u>1D</u>　<u>3E</u> <u>8E</u> <u>9E</u> <u>6D</u>　<u>4D</u> <u>1E</u> <u>6E</u> <u>8D</u> <u>8E</u> <u>9E</u> <u>5E</u> <u>8E</u>'

<u>6E</u> <u>1E</u> <u>2D</u> <u>8D</u> <u>7D</u> <u>1E</u>　<u>2D</u> <u>9D</u> <u>8E</u>　<u>6E</u> <u>1E</u> <u>2D</u> <u>3E</u> <u>1D</u> <u>8E</u> <u>2E</u>

<u>2D</u> <u>5D</u> <u>1D</u> <u>2E</u>　<u>6E</u> <u>5D</u> <u>6E</u> <u>8D</u> <u>3D</u> <u>2E</u> <u>5D</u> <u>6E</u>.

## Per llegir millor

**En aquestes columnes hi ha algunes paraules repetides. Dignes quines són i quantes vegades es repeteixen.** ◆

| guions | cortina | suaument |
|---|---|---|
| cedir | activitat | investigació |
| endeví | hàbil | societat |
| concloure | contrari | propietat |
| secret | finestra | lladre |
| cedir | enfadat | situació |
| rastre | sospita | perills |
| pluja | silenci | afers |
| endeví | hàbil | propietat |
| secret | evidència | miralls |
| absolut | silenci | connectat |
| endevinat | mapes | situació |
| cedir | enfadar-se | afers |
| informació | hàbil | situació |
| confiança | silenci | trobar |
| secret | sospita | propietat |
| sinistre | silenci | afers |
| xandall | dar | situació |
| endeví | silenci | afers |
| cedir | hàbil | propietat |

| Paraula | Vegades |
|---|---|
| _____ | ___ |
| _____ | ___ |
| _____ | ___ |

| Paraula | Vegades |
|---|---|
| _____ | ___ |
| _____ | ___ |
| _____ | ___ |

| Paraula | Vegades |
|---|---|
| _____ | ___ |
| _____ | ___ |
| _____ | ___ |

## Reconstrueix el text

**Si ordenes els rectangles, construiràs un fragment del capítol.** ◆

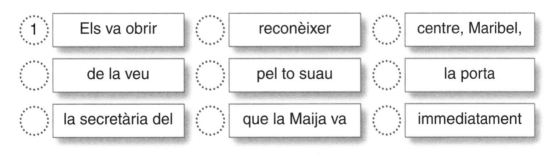

| 1 | Els va obrir | | reconèixer | | centre, Maribel, |
|---|---|---|---|---|---|
| | de la veu | | pel to suau | | la porta |
| | la secretària del | | que la Maija va | | immediatament |

_____

_____

_____

# Lectura en veu alta

**Llegeix el text en veu alta després de preparar-lo. Intenta endevinar les lletres que hi falten sense trencar el ritme de lectura.** ◆

En Javier feia cara d'estar una mica desconcertat, però la Maija no pensava deixar-se ensarronar. Ni tan sols havia parpellejat ni s'havia estranyat en sentir el seu nom, tot i que sabia que es tractava de l'autora dels guions de *Torna'm l'anell. cap d'estornell*. Però per més hàbil que fos esquivant preguntes, la Maija havia decidit enxampar-lo.

—No. No ens coneixem personalment. És aquest l'únic ordinador que tenen al Centro? –va preguntar la Maija.

—Efectivament. De moment i per molt de temps, perquè aquí ningú no el sap fer anar; només jo. I gairebé m'estimo més que sigui així, perquè d'aquesta manera ningú no pot ficar el nas en els meus afers –va respondre en Javier.

—I a la nit el deixa connectat al telèfon per mitjà d'un mòdem, oi? –va aventurar la Maija.

—Doncs, sí. Però, digui'm vostè com ho sap? Què és el que vol exactament?

# Te'n recordes?

**Digues si les afirmacions següents són veritables (V) o falses (F).** ◆

| | V | F |
|---|---|---|
| 1. En Flipper i la Maija van aconseguir connectar Mumo amb el telèfon. | | |
| 2. La Maija va trucar al mateix número que havia trucat Mumo la nit anterior. | | |
| 3. La Maija va parlar per telèfon amb el director del Centro. | | |
| 4. La Maija i en Flipper pensaven que el director devia ser com el doctor Crowley. | | |
| 5. L'aspecte d'en Javier, encara que ben afaitat i somrient, era sinistre. | | |
| 6. Damunt d'una tauleta amb potes i rodes, hi havia l'ordinador que buscaven. | | |
| 7. La Maija es pensava que en Javier Sánchez volia ensarronar-la. | | |
| 8. El director deixava l'ordinador connectat al telèfon per robar-li els guions. | | |
| 9. En Javier Sánchez sabia que cada nit entraven molts nombres al seu ordinador. | | |
| 10. El director acabà reconeixent que era ell qui robava els guions. | | |

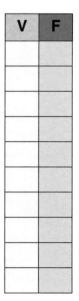

## Comprensió de la lectura

**1. Què va treure de la carpeta, en Flipper?**
   a) Uns fulls d'impressora.
   b) Uns guions desconeguts.
   c) El contracte falsificat.

**2. Qui és Hermes?**
   a) L'ordinador del director.
   b) El cotxe del director.
   c) L'ordinador de la secretària.

**3. Els col·laboradors de la revista del Centro...**
   a) estan implicats en el robatori.
   b) envien els seus articles i missatges per mitjà del mòdem.
   c) escriuen els seus articles a la redacció de la revista.

**4. Cada nit, Mumo...**
   a) es connectava amb l'ordinador del doctor Crowley.
   b) s'engegava tot sol i es connectava als ordinadors de Canal Total.
   c) enviava els missatges pel seu compte a l'ordinador del director del centre.

**5. Per confirmar les seves sospites i trobar el lladre dels guions, en Javier Sánchez proposà...**
   a) que la Maija i en Flipper confiessin més en ell.
   b) controlar les connexions que feia l'ordinador de la Maija.
   c) demanar l'ajuda d'un amic seu, especialista en ovnis.

**6. Algú estava utilitzant l'ordinador Hermes...**
   a) per enviar missatges numèrics.
   b) per robar els guions a la Maija.
   c) per fer una broma pesada al director del centre.

**7. Què pensa demanar en Javier al seu amic Florencio?**
   a) Que intercepti la seva línia de telèfon i que localitzi des d'on truquen.
   b) que li canviï la clau d'accés.
   c) que li faciliti una nova contrasenya.

**8. La Maija va localitzar un detectiu que...**
   a) faria guàrdia davant l'ordinador del director.
   b) vigilaria la porta de darrere, que donava al jardí.
   c) havia de situar-se davant la casa del doctor Crowley i seguir-lo a tot arreu on anés.

**9. En Florencio els va dir...**
   a) que no hi hauria cap problema.
   b) que ja havia punxat la seva línia telefònica.
   c) que treballava a la Telefònica.

**10. Una llarga rastellera de nombres va començar...**
   a) a omplir la pantalla i a gravar-se al paper.
   b) a sortir pel fax.
   c) a omplir la memòria del disc dur.

**11. Per què, en agafar els fulls entre les mans, la cara d'en Javier Sánchez va mostrar un gest de sorpresa?**

_____

_____

**12. Per què en Javier Sánchez cada nit deixava el seu ordinador encès i connectat al telèfon?**

_____

_____

**13. Per què la Maija creia que era lògic pensar que el director del centre passava els missatges al doctor Crowley?**

_____

_____

**14. Quina característica especial tenia Hermes, que era probablement la clau del misteri?**

_____

_____

**15. Per què en Javier es va quedar al Centro Trígono?**

_____

# Vocabulari

**Busca el significat d'aquestes paraules i expressions i, després, construeix oralment frases.** ◆

estona    xifrats    infectat    col·laboradors    recolzar-se    embolic

interrupció    no tenir res a veure    dormir com una soca    bruixeries

# Per llegir millor

**Busca quantes vegades es repeteix la paraula que encapçala cada sèrie.** ◆

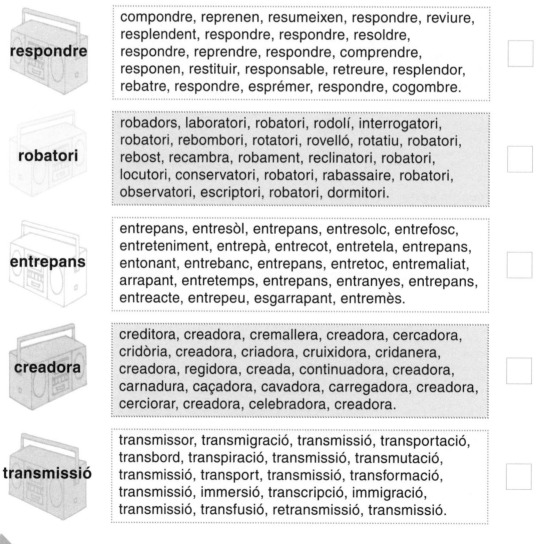

**respondre**

compondre, reprenen, resumeixen, respondre, reviure, resplendent, respondre, respondre, resoldre, respondre, reprendre, respondre, comprendre, responen, restituir, responsable, retreure, resplendor, rebatre, respondre, esprémer, respondre, cogombre.

**robatori**

robadors, laboratori, robatori, rodolí, interrogatori, robatori, rebombori, rotatori, rovelló, rotatiu, robatori, rebost, recambra, robament, reclinatori, robatori, locutori, conservatori, robatori, rabassaire, robatori, observatori, escriptori, robatori, dormitori.

**entrepans**

entrepans, entresòl, entrepans, entresolc, entrefosc, entreteniment, entrepà, entrecot, entretela, entrepans, entonant, entrebanc, entrepans, entretoc, entremaliat, arrapant, entretemps, entrepans, entranyes, entrepans, entreacte, entrepeu, esgarrapant, entremès.

**creadora**

creditora, creadora, cremallera, creadora, cercadora, cridòria, creadora, criadora, cruixidora, cridanera, creadora, regidora, creada, continuadora, creadora, carnadura, caçadora, cavadora, carregadora, creadora, cerciorar, creadora, celebradora, creadora.

**transmissió**

transmissor, transmigració, transmissió, transportació, transbord, transpiració, transmissió, transmutació, transmissió, transport, transmissió, transformació, transmissió, immersió, transcripció, immigració, transmissió, transfusió, retransmissió, transmissió.

# Camp visual

**Aquest paràgraf està escrit de manera que el puguis llegir fàcilment fent quatre fixacions per línia. Llegeix-lo dues vegades en diferents moments.** ◆

|  | A | B | C | D |  |
|---|---|---|---|---|---|

| A | B | C | D |
|---|---|---|---|
| En Javier es va quedar | | | | |
| | al Centro Trígono | | | |
| | | per si hi havia | | |
| per a Hermes. | | | més trucades | **1** |
| | Va esperar unes | | | |
| | | quantes hores, | | |
| De matinada | | | però va ser inútil. | **2** |
| | es va quedar | | | |
| | | adormit | | |
| A les vuit | | | al sofà. | **3** |
| | del matí | | | |
| | | el va despertar | | |
| la secretària | | | la Maribel, | **4** |
| | del Centro | | | |
| | | Trígono, | | |
| estranyada de | | | una mica | **5** |
| | trobar el seu | | | |
| | | cap dormint | | |
| als coixins | | | com una soca | **6** |
| | del sofà, enmig | | | |
| | | d'entrepans | | |
| «Quines galtes!», | | | i de cafès. | **7** |
| | va pensar la Maribel | | | |
| | | mentre dissimulava | | |
| | | | un somriure. | **8** |

Temps 1: _____    Temps 2: _____

# Agilitat visual

**Busca amb rapidesa quina posició ocupen les paraules següents.** ◆

| | | | | | |
|---|---|---|---|---|---|
| Javier | _____ | galtes | _____ | soca | _____ |
| entrepans | _____ | matinada | _____ | secretària | _____ |
| matí | _____ | Hermes | _____ | trucades | _____ |

# Paraules semblants

**Marca amb una ✗ les parelles de paraules que no són iguals.** ◆

| | |
|---|---|
| perdut | perdut |
| carpeta | carpeta |
| especial | espacial |
| guàrdia | guardià |
| robatori | robatori |
| virus | virtut |
| pista | pista |
| butaca | butxaca |
| dades | dades |
| publica | pública |
| veritat | veritat |
| permís | permís |
| sofà | sota |
| trucades | trucades |
| incòmode | incòmoda |
| intentava | intentava |
| mostrà | mostrar |
| causalitat | casualitat |
| corregir | corregir |
| dificultat | dificultat |
| mateixa | maduixa |

| | |
|---|---|
| mòdem | modern |
| transmetia | transmetia |
| acusant | causant |
| tècnica | tècnica |
| resumir | presumir |
| compte | conte |
| descobrir | descobrir |
| ordinador | ordinador |
| mensual | mensual |
| embolic | embotit |
| desxifrar | desxifrar |
| descobert | descobert |
| carreró | carretó |
| intenció | intenció |
| explicar | explotar |
| entenc | encenc |
| troballa | tovalla |
| suposició | suposició |
| mensual | mensual |
| forca | força |
| somriure | somriure |

# Completa frases

**Escriu davant de la segona part de cada frase el nombre corresponent a la primera.** ◆

| | | | |
|---|---|---|---|
| 1 | En un rètol que teniu a l'entrada | | els fulls entre les mans... |
| 2 | Aquest és el mateix missatge | | si hi havia més trucades per a Hermes. |
| 3 | Si aquesta nit cacem el doctor Crowley, | | va començar a omplir la pantalla... |
| 4 | Tot estava passant tal | | un punt especialment sensible. |
| 5 | És Mumo, el nostre ordinador, | 1 | diu que fas classes de numerologia... |
| 6 | En Javier es va quedar al Centro Trígono per | | treballa de nit a la Telefònica. |
| 7 | En Javier Sánchez va agafar | | la Maija podrà tornar al seu programa. |
| 8 | L'important de Florencio és que | | que vaig rebre anit a través d'Hermes. |
| 9 | Una llarga rastellera de nombres | | com s'ho havien imaginat. |
| 10 | Era ben clar que havien tocat | | qui envia els missatges pel seu compte. |

# Per llegir millor

**Fes el recorregut de cada columna fixant la vista en la línia central. Has de llegir cada paraula o expressió d'un sol cop d'ull.** ◆

| | | |
|---|---|---|
| nit | pa | cap |
| pista | línia | virus |
| paper | coses | detall |
| minuts | variats | estona |
| vampirs | segons | resultat |
| nombres | disposat | llagosta |
| confonent | entenem | possible |
| aconseguir | transmetre | desxifraré |
| recolzant-se | sense sortida | estar llegint |
| estic disposat | tornaven a ser | aquest embolic |
| qui és Hermes? | resultar còmode | retransmissions |
| ja en tenim prou | ens podem tutejar | l'ordinador encès |
| connectat al mòdem | trucades de Mumo | intentava calmar-se |
| en forma de nombres | ho diré més endavant | especialista en ovnis |
| treballa a la Telefònica | és un robatori camuflat | no entenc els missatges |
| és només una suposició | fa classes d'endevinació | el lladre és de carn i ossos |
| només se m'acut un motiu | com qualsevol de nosaltres | el bromista es cansarà aviat |
| parla amb els extraterrestres | us han introduït aquest virus | contractaré un detectiu privat |

Temps 1: _____

Temps 2: _____

# Sinònims i antònims

**Escriu per a cada paraula de la columna central el sinònim i l'antònim corresponents.** ◆

| Sinònims | | Paraules | | Antònims |
|---|---|---|---|---|
| emotiu | | reptar | | certesa |
| arcaic | | dubte | | variable |
| renyar | | saber | | negar |
| suspensió | | sensible | | continuació |
| indecisió | | estable | | modern |
| inalterable | | arronsar | | ignorar |
| confirmar | | antiquat | | elogiar |
| encongir | | interrupció | | impassible |
| conèixer | | demostrar | | dilatar |

## Fes memòria

Subratlla les onze paraules o expressions que han sortit en les tres columnes de la pàgina anterior. ◆

▶ et tornarem el favor
▶ especialista en ovnis
▶ els batecs del cor
▶ ja en tenim prou
▶ família de primats

▶ transmetre
▶ acalorament
▶ devia tenir la clau
▶ aconseguir
▶ tècnica de ioga

▶ recolzant-se
▶ llagosta
▶ desxifraré
▶ ocultisme
▶ sense sortida

▶ intentava calmar-se
▶ treuen conills del barret
▶ fa classes d'endevinació
▶ els seguim la pista
▶ és només una suposició

## Per llegir millor

Numera les línies de la pàgina 76 del llibre, llegeix-la i contesta les preguntes següents. ◆

**A. En quina línia hi ha les paraules següents?**

⟹ xeringa _____
⟹ adreça _____
⟹ localitzar _____
⟹ arxius _____
⟹ nit _____
⟹ abonats _____
⟹ seguiment _____
⟹ interceptat _____

**B. En quina línia hi ha les expressions següents?**

⟹ treballa a la Telefònica _____
⟹ tot fent-li l'ullet _____
⟹ a tot arreu _____
⟹ tauler de parxís _____
⟹ tornar al seu programa _____
⟹ Tant de bo _____

**C. En quina línia hi ha la resposta a les preguntes següents?**

⟹ A quina hora començarien a fer guàrdia? _____
⟹ Com podrà tornar la Maija al seu programa? _____
⟹ Què havia de fer el detectiu? _____
⟹ Qui feia el seguiment de les trucades? _____
⟹ On treballa en Florencio? _____

2. Busca i escriu les paraules que porten apòstrof (').

# Encadenat

**Col·loca aquestes paraules en el lloc adient de l'encadenat.** ◆

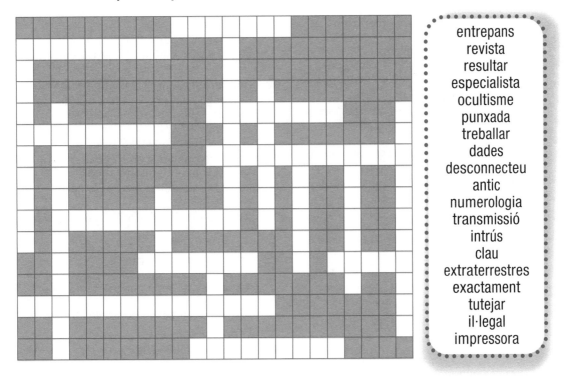

entrepans
revista
resultar
especialista
ocultisme
punxada
treballar
dades
desconnecteu
antic
numerologia
transmissió
intrús
clau
extraterrestres
exactament
tutejar
il·legal
impressora

# Lectura en veu alta

**La impressora d'en Javier no ha imprès algunes vocals de les paraules. Llegeix el text en veu alta sense trencar el ritme de lectura.** ◆

A l_s tr_s d_ l_ m_tin_d__, qu_n an__v_n j__ p_rl_ c_nqu_n__ p_rt_d_ d_ p_rx_s, v_ s_n_r _l tel_f__n. En Fl_pp_r va __st_r a p_nt d_ d_sp_nj_r p_r err__r, p_rò en J_vi_r l_ v_ subj_ct_r l_ m_ ab_ns qu_ _rr_bés a __g_far l'a_ric_l_r.

Al t_rc_r tr_c, v_ s_r H_rm_s q_i v_ d_sp_nj_r _l t_lèf_n p_r m_tjà d_l m_dem. V_n c_nn_ct_r l_ _mpr_ssor_. Un_ ll_rg_ rast_ller_ d_ n_mbr_s v_ c_m_nç_r a __mpl_r l_ p_nt_ll_ i a gr_v_r-s_ al p_p_r c_nt_nu. _r l_ tr_c_d_ d_ M_m__, l'__rd_n_d_r d_ la M_ij__, p_rò a_xò h_ c_nf_rmari__n qu_n p_g_uss_n p_rl_r _mb en Fl_r_ncio. ___xí qu_ v_ ac_b_r l_ tr_nsm_ss_ó i qu_ l_ líni_ v_ q_ed_r_ ll_ur_, v_n tr_c_r a l_ c_ntr_l t_l_f_n_c__.

## Comprensió de la lectura

1. **L'enginyer encara devia estar despert perquè...**
   a) no se sentia cap mena de soroll.
   b) en aquella hora no dormia mai.
   c) a les finestres encara s'hi veia llum.

2. **Quan es trobaven al darrer tram d'escala...**
   a) gairebé els van veure.
   b) quasi es van donar un cop al cap.
   c) va anar de poc que no es moren d'un ensurt.

3. **En Flipper va anar palpant les parets...**
   a) amb una mica d'inseguretat.
   b) amb una mica de por.
   c) amb decisió i sense por perquè la Maija no pensés que era un covard.

4. **Se sentia una mena de música sideral...**
   a) com de sincronitzadors de gran potència.
   b) com de discoteca.
   c) com de sintetitzadors, sense ritme ni harmonia.

5. **Es va sentir clarament el soroll aspre d'un brunzidor...**
   a) que venia de la porta del carrer.
   b) del telèfon del veí que vivia al costat.
   c) a l'interior de la casa de l'Eduardo Moll.

6. **L'Eduardo Moll era un home...**
   a) malhumorat i amb una cara molt sospitosa.
   b) d'uns trenta-cinc anys amb una calvície prematura.
   c) amb una manera de parlar molt agradable.

7. **Què li va dir, la Maija, a l'Eduardo?**
   a) Que li portaven el pot d'optalidons.
   b) Que li portaven el diari.
   c) Que era farmacèutica.

8. **La Maija estava intentant d'estovar el cor de l'Eduardo Moll,...**
   a) però no semblava cosa fàcil.
   b) perquè era un home molt comprensiu.
   c) perquè tenia por de sortir al carrer.

9. **Es va sentir l'enginyer que estossegava i s'escurava el coll...**
   a) com si estigués constipat o engripat.
   b) com si volgués guanyar temps.
   c) com una vella locomotora.

10. **En Flipper es va acostar a un petit corredor...**
    a) i a les fosques va topar amb una porta.
    b) i va pujar corrent l'últim tram d'escala.
    c) que hi havia al costat de l'última porta.

11. **Van pujar un petit tram d'escala que...**
    a) acabava en una trapa situada al sostre.
    b) anava fins a la teulada de la casa.
    c) comunicava amb el terrat de la casa.

12. **Al mig del terrat l'enginyer havia construït...**
    a) un petit estudi molt lluminós.
    b) una petita torre amb tres antenes.
    c) un solàrium ocult a totes les mirades.

13. **Van continuar arrossegant-se fins que...**
    a) ningú no els podia veure des del carrer.
    b) van arribar a una de les portes del terrat.
    c) van arribar al finestró.

14. **Què li va passar a en Flipper en veure una pistola amb silenciador?**
    a) Es va espantar i va caure per les escales.
    b) Es va posar tan nerviós, que li va relliscar un peu.
    c) Va fer un crit.

15. **Intentant fondre-s'hi...**
    a) es van amagar darrere d'una cortina.
    b) es van amagar darrere la xemeneia del teulat.
    c) es van encastar contra les teules.

16. **Ja ho consideraven tot perdut quan el mateix gat d'abans...**
    a) va tornar a sorgir de la foscor de la nit.
    b) va saltar entre ells i l'enginyer tot fent un miol.
    c) va començar a miolar i els va donar un ensurt.

17. **La Maija i en Flipper van esperar una estona...**
    a) abans de tornar a pujar al terrat.
    b) perquè l'Eduardo no sospités res.
    c) abans de baixar per la trapa de l'escala.

18. **En Flipper estava tan nerviós i excitat...**
    a) que gairebé ballava.
    b) que tremolava de por.
    c) que no volia dormir tot sol.

19. **El detectiu tenia telèfon al cotxe, i això...**
    a) era un senyal de la seva eficiència.
    b) facilitava molt la comunicació.
    c) facilitava el seguiment de qualsevol persona.

20. **Els veïns asseguraven que el senyor Crespo...**
    a) no havia sortit de casa des de feia quatre dies.
    b) sortia cada dia de casa a la mateixa hora.
    c) no acostumava a sortir gaire de nit.

# Vocabulari

**Indica quin és el significat que tenen les paraules i expressions següents en aquest capítol.** ◆

| | |
|---|---|
| **Ensurt** | ☐ Que no sap com sortir d'una situació problemàtica. |
| | ☐ Sobresalt produït per una sensació inesperada. |
| **Sideral** | ☐ Que té relació amb els estels i altres cossos de l'univers. |
| | ☐ Preparat en pols que s'usa dissolt en aigua com a refresc. |
| **Esventrats** | ☐ Que es troben oberts amb totes les peces fora de lloc. |
| | ☐ Que el ventre és gros per la quantitat d'aliments consumits. |
| **Esglai** | ☐ Por molt intensa causada per la imminència d'un perill. |
| | ☐ Esglaó petit que forma part d'un tram d'escala. |
| **Lluerna** | ☐ Obertura que deixa entrar la claror. |
| | ☐ Que ofusca la vista per excés de llum. |
| **Brunzidor** | ☐ Crema protectora que bronzeja la pell. |
| | ☐ Aparell que vibra emprat com a avisador acústic. |
| **Trapa** | ☐ Que agafa algú de sorpresa. |
| | ☐ Tanca d'una obertura practicada en un sostre o a terra. |
| **Incògnites** | ☐ Parts desconegudes en una qüestió. |
| | ☐ Increments finals d'un producte en la cadena comercial. |
| **Carreró** | ☐ Carrer molt estret. |
| | ☐ Carruatge de transport més baix que el carro. |

# Completa paraules

**Completa aquestes paraules del capítol amb les lletres que hi falten.** ◆

```
E _ G I N _ _ E R          E S G _ A O _ S
S _ N _ È T I _             I _ T _ R R U _ T O R
P _ S _ A D _ S             F O _ _ _ E L L _ T
F I _ E S _ R Ó             A S _ O R _ M E _ T
P _ S _ O L A               I _ P R _ V I S A _ A
T _ U _ A D A               F _ N T _ S M _
S U _ J E _ T A R           I _ D _ V I D _
D _ T E _ T I U             E _ T R A N _
P _ N T A L _ _ N S         M _ S I _ A
T _ R N _ D A               E _ P A _ L _ A
```

## Lectura en veu alta

Ordena aquestes frases del capítol 12. Després, llegeix el fragment en veu alta. ◆

El gat també li havia deixat el cor desbocat, però havia de dissimular-ho perquè la Maija no el considerés un covard.

Però el pitjor era el soroll que sortia de la casa de l'enginyer Eduardo Moll.

1 · En Flipper va anar palpant les parets amb una mica de por, tot s'ha de dir.

Una mena de música sideral, com de sintetitzadors, sense ritme ni harmonia.

Això sí que era una aventura!

Bé, en realitat, no se'n podia dir música, sinó sorolls estranys.

4 · Els esglaons eren de fusta i cruixien una mica en trepitjar-los.

No era gaire fort, però sí molt estrany.

## Construeix frases

Ordena les paraules dels rectangles següents i podràs construir dues frases del capítol. ◆

| | | |
|---|---|---|
| Jo he | l'espatlla. | vist abans |
| deixar una teula | aquest home, | solta que el va |
| copejar a | no sé on. | El gat va |

_____

_____

_____

## Per llegir millor

**Fes el recorregut de cada columna fixant la vista en la línia central. Has de llegir cada paraula o expressió d'un sol cop d'ull. ◆**

| | | |
|---|---|---|
| crit | gat | cor |
| soroll | pujar | zona |
| carrer | costat | ungles |
| carreró | arriscat | espatlla |
| encastar | desbocat | esventrat |
| emmudir | harmonia | conegués |
| prematura | senyoretes | espaordida |
| improvisant | visiblement | estossegava |
| podria deixar | consideraven | sintetitzadors |
| el cor desbocat | arrossegant-se | i tant que ho és |
| de fa quatre dies | demanà un taxi | palpant la paret |
| costat de la porta | una mica arriscat | una petita lluerna |
| no va poder evitar | deixava de pensar | moltes incògnites |
| havia salvat la vida | no ha sortit de casa | correspon a la casa |
| caigués pel pendent | telefonar al detectiu | es van anar acostant |
| li va relliscar un peu | tenir les mans lliures | impossibles d'albirar |
| amb aquestes antenes | d'un moment a l'altre | torre amb tres antenes |
| consideraven tot perdut | pistola amb silenciador | es quedaren a les fosques |
| sortia corrents cap al terrat | ens podem considerar morts | és això el que m'ha semblat |

Temps 1: _____

Temps 2: _____

## Molta atenció

**Busca amb rapidesa en quina columna hi ha les paraules o expressions següents. ◆**

| | | | | | | | |
|---|---|---|---|---|---|---|---|
| harmonia | ___ | i tant que ho és | ___ | palpant la paret | ___ | arriscat | ___ |
| sintetitzadors | ___ | de fa quatre dies | ___ | una petita lluerna | ___ | estossegava | ___ |
| visiblement | ___ | improvisant | ___ | moltes incògnites | ___ | senyoretes | ___ |
| esventrat | ___ | podria deixar | ___ | caigués pel pendent | ___ | ungles | ___ |

**Busca i escriu les paraules que tenen aquestes lletres:**

*mm:* _____

*mp:* _____

*ss:* _____

## Fes memòria

**Subratlla les deu paraules o expressions que han sortit en les tres columnes de la pàgina anterior. ◆**

- moltes incògnites
- música sideral
- espatlla
- extraterrestres
- sintetitzadors

- casa
- encastar
- finestró
- esventrat
- antenes

- impossibles d'albirar
- anar per la teulada
- avançar pel passadís
- havia salvat la vida
- cruixien una mica

- espaordida
- l'asfalt del carrer
- estossegava
- munió d'aparells
- el cor desbocat

## Paraules bessones

**En les columnes B i C hi ha les mateixes paraules que en la columna A, però en diferent ordre. Indica la posició que ocupen les paraules de la columna A en les altres dues columnes. ◆**

| A | B | C | A | B | C |
|---|---|---|---|---|---|
| 1. avançar | 1. trenta-cinc | 1. penetrant | 1. _____ | | |
| 2. silenciador | 2. s'escurava | 2. calvície | 2. _____ | | |
| 3. finestres | 3. avançar | 3. gairebé | 3. _____ | | |
| 4. penetrant | 4. parabòlica | 4. silenciador | 4. _____ | | |
| 5. gairebé | 5. brunzidor | 5. esglaons | 5. _____ | | |
| 6. esglaons | 6. finestres | 6. s'escurava | 6. _____ | | |
| 7. interruptor | 7. calvície | 7. parabòlica | 7. _____ | | |
| 8. brunzidor | 8. penetrant | 8. avançar | 8. _____ | | |
| 9. trenta-cinc | 9. esglaons | 9. astorament | 9. _____ | | |
| 10. astorament | 10. estossegava | 10. començar | 10. _____ | | |
| 11. s'escurava | 11. silenciador | 11. brunzidor | 11. _____ | | |
| 12. calvície | 12. començar | 12. interruptor | 12. _____ | | |
| 13. estossegava | 13. subjectar | 13. trenta-cinc | 13. _____ | | |
| 14. començar | 14. interruptor | 14. subjectar | 14. _____ | | |
| 15. parabòlica | 15. gairebé | 15. estossegava | 15. _____ | | |
| 16. subjectar | 16. astorament | 16. finestres | 16. _____ | | |

## Percepció de les lletres

**Llegeix el text fixant la vista en la part superior de les paraules.** ◆

Van avançar pel passadís i van pujar un petit tram d'escala que acabava en una trapa situada al sostre. La van obrir i van sortir a la teulada inclinada de l'edifici. Allà era una mica arriscat, però unes quantes metres més enllà es veia una petita lluerna que corresponia a la casa d'Eduardo Moll. Havien d'arribar-hi o bé donar-se per vençuts.

Avançant a poc a poc entre les teules, la Maija i en Flipper es van anar acostant al finestró. Des del lloc on eren, podien veure un petit terrat interior impossible d'albirar des del carrer, al mig del qual l'enginyer havia construït una petita torre amb tres antenes; una en forma de graella, una de vertical i una altra de parabòlica.

—Amb aquestes antenes deu poder veure fins a 50 canals de televisió —va dir en Flipper.

—No em vinguis ara amb teles —es va queixar la Maija—. Au, va, acostem-nos una mica a la lluerna abans que rellisquem i que ens estimbem contra l'asfalt del carrer.

Van continuar arrossegant-se fins que van arribar al finestró. Justament a sota del lloc on eren, van poder veure Eduardo Moll, que manipulava un ordinador i una munió d'aparells esventrats plens de llumets.

## Veritable o fals

**Digues si les afirmacions següents són veritables (V) o falses (F).** ◆

1. Van avançar pel passadís i van pujar l'escala. ____
2. Aquella escala acabava en un replà que donava al terrat. ____
3. Van decidir donar-se per vençuts. ____
4. Cada cop s'apropaven més i més al balcó. ____
5. Al mig del terrat l'enginyer havia construït una petita torre. ____
6. Les tres antenes de la torre tenien formes diferents. ____
7. Era la casa on vivia el senyor Moll, amic d'en Flipper. ____
8. La teulada de l'edifici era perillosa perquè era inclinada. ____
9. Es van arrossegar per la teulada fins a arribar al finestró. ____
10. El senyor Moll era un expert en ordinadors. ____

## Frases intruses

Busca amb rapidesa les cinc paraules o expressions que s'han infiltrat en el text i subratlla-les. ◆

El portal de l'edifici tenia Ajup-te, Flipper, el pany espatllat, de tan vell, i no van trobar cap dificultat per pujar fins al cinquè pis. considerar A peu, és clar, perquè ni hi havia ascensor ni era gaire convenient de fer soroll a aquelles hores de la nit. Eren més de dos quarts de quatre. Quan es trobaven al darrer si ens veu, tram d'escala, va anar de poc que no es moren d'un ensurt. D'una zona fosca del replà, va saltar un cos negre tot fent un crit agut i penetrant. El cor els va fer un bot i la Maija va clavar les ungles mortes a fons al braç d'en Flipper. Només era ens podem un gat, però l'esglai va ser mortal. Amb el cor al galop, es van posar novament en marxa, però gairebé al moment l'escala va quedar a les fosques.

Ordena les paraules subratllades i escriu una frase del capítol 12.

## Lectura en veu alta

Llegiu en veu alta entre diversos alumnes les pàgines 82, 83 i 84 del llibre. Repartiu-vos els diversos personatges que hi intervenen: E. = enginyer, M. = Maija, F. = Flipper i N. = narrador, que ha de llegir les acotacions en cursiva i el text narratiu. Abans de llegir el text en veu alta, prepareu la lectura. Tingueu bona cura de l'entonació de cada personatge. ◆

E. —Què volen a aquestes hores? *–va preguntar sense acabar de treure el forrellat que tancava la porta.*

M. —Bona nit. Som missatgers d'Àngel Blau. Venim a portar-li el pot d'optalidons que ens ha demanat *–va dir la Maija molt desperta, mentre en Flipper la mirava amb astorament.*

E. —Jo no he demanat res *–va dir l'Eduardo Moll amb cara de pocs amics–.* Em sembla que s'equivoquen.

M. —Que no és aquest el carrer Limonero, número 12?

E. —No, no *–va respondre l'enginyer–.* Aquest és el carrer Limón. Hi ha un carrer Limonero pel barri de Tetuan, em sembla. És molt lluny d'aquí, naturalment.

M. —No ens podria deixar demanar un taxi per telèfon? El taxista que ens ha dut fins aquí ha marxat, i...

## Comprensió de la lectura

1. **En Flipper va comptar bens saltant una tanca...**

   a) com feien els personatges dels còmics.
   b) com feia sempre que volia dormir.
   c) com havia vist fer en les sèries de dibuixos animats.

2. **Al cap de mitja hora de fer voltes sobre el coixí...**

   a) va quedar-se adormit al sofà com un tronc.
   b) va decidir d'aixecar-se i d'investigar una mica el missatge secret.
   c) va decidir aixecar-se i esmorzar.

3. **Va intentar d'aplicar-hi algunes claus senzilles i al cap d'una hora es va trobar...**

   a) al mateix punt que al començament.
   b) cansat perquè havia estat un dia molt dur.
   c) la Maija adormida a la seva habitació sobre una taula plena de papers.

4. **Què era tretze al quadrat?**

   a) El mateix que tretze multiplicat per dos.
   b) El mateix resultat que havia calculat en Flipper en la seva investigació.
   c) El mateix que tretze per tretze.

5. **En Flipper va agafar l'última llista de nombres que Mumo havia enviat a l'ordinador Hermes i...**

   a) va confirmar que la clau del missatge era equivocada.
   b) va començar a desxifrar dues vegades el missatge.
   c) va comprovar que el doctor Crowley robava els guions, tal com havien sospitat.

6. **Qui enviava el paquet que un motorista va portar a la Maija?**

   a) L'enviava el president de Canal 12.
   b) L'enviava el detectiu que havia contractat.
   c) L'enviava en Florencio, que treballava a la Telefònica.

7. **La Maija, de què coneixia la cara de l'Eduardo?**

   a) L'havia vist al taller de reparació d'ordinadors.
   b) L'havia vist dos mesos abans a Canal 12.
   c) L'havia vist al seu programa.

8. **L'Eduardo no podia engegar l'ordinador de la Maija a distància, i per això...**

   a) va preparar-ho tot perquè es pogués engegar des d'un telèfon mòbil.
   b) era el doctor Crowley l'encarregat de fer-ho.
   c) ho va preparar tot perquè Mumo s'engegués tot sol.

9. **Si es confirmaven les sospites de la Maija, la clau només es podia localizar...**

   a) en l'últim missatge que havia enviat Mumo.
   b) en les tres cintes gravades que li acabava d'enviar el detectiu.
   c) al taller on havien reparat el seu ordinador.

10. **L'Eduardo Moll tenia aquelles grans antenes al terrat de casa seva...**

    a) per transmetre com si fos un radioafeccionat.
    b) per transmetre missatges en clau.
    c) per rebre els missatges de l'ordinador de la Maija.

11. **Quin era l'únic codi secret en què podia estar escrit el missatge?**

    _____

12. **Què s'obtenia aplicant el codi ASCII per primera vegada? I si es tornava a aplicar una segona vegada?**

    _____

13. **Què contenia el paquet que va rebre la Maija perquè considerés que havia de ser la prova que buscava?**

    _____

14. **A qui involucraven, les cintes?**

    _____

# Vocabulari

**Escriu cada paraula o expressió del requadre davant de la definició correcta. ◆**

> sacsejar  distorsionar  freqüència  hexadecimal  binari
> desxifrar  reproducció  aïllar  a tort i a dret  obrir la gana

_____ Separar un so d'una mescla de sons.

_____ Que té com a base el nombre 2.

_____ Deformar un so per la manipulació dels sistemes de transmissió.

_____ Pertot arreu, per tots costats, sense mirar. Amb raó o sense.

_____ Acció de llegir un enregistrament sonor a fi de restablir el so original.

_____ Agitar bruscament una cosa movent-la en direccions oposades.

_____ Que té com a base el nombre 16.

_____ Sentir la necessitat o el desig de menjar.

_____ Nombre d'oscil·lacions d'un so per unitat de temps.

_____ Arribar a llegir un missatge escrit en un codi secret.

# Completa frases

**Completa les frases següents amb algunes de les paraules del vocabulari.**

▣ Els científics van arribar a _____ aquell so estrany procedent de l'espai.

▣ Els atracadors el van _____ i el van deixar malferit.

▣ El pastor defensava el seu ramat donant cops de bastó _____.

▣ No hi ha res com l'esport per _____ i cruspir-se tot el que hi ha a taula.

▣ Els ordinadors fan servir el sistema _____, basat en el zero i l'u.

▣ La veu se sent _____ perquè la velocitat de _____ del CD és molt baixa.

▣ La policia va aconseguir _____ la veu del segrestador utilitzant un filtre de so.

# Per llegir millor

**Busca quantes vegades es repeteix la paraula que encapçala cada sèrie.** ◆

| | |
|---|---|
| **pastor** | pasta, pastor, pastat, passiu, pastor, pastura, pastat, pastanaga, pastor, pastós, pastors, pastor, pastís, pastera, pastor, patró, pastor, pastor, patrons, passat, patac, bastó, raspós, pastor, pertot, porter, pastor, portent, pastor, porticó, pasteu, passeig, pastor. |
| **corrents** | torrents, consell, concert, corrents, corral, corriol, corser, corrents, correu, corrents, corró, content, corrents, cortès, carrer, corrents, corregir, córrer, corders, cordons, corrents, corrents, carreró, corcoll, corder, corrompre, corrents, cosins, corrents. |
| **laberint** | laringe, laberint, larva, lector, laberint, làmina, laberint, lent, laberíntic, lactant, laberint, habilitat, labor, laberint, laboriós, laberint, instint, liniment, laberint, saberut, panegíric, lenitiu, llampant, laberint, linotip, imitant, laberint, establint, laberint, laboriós. |
| **secret** | secret, secretar, secret, sec, sectorial, secta, sector, secret, secret, decret, batec, sediment, secret, sagrat, decrèpit, secret, secretar, segrest, concret, secret, sever, cendrer, celler, crepiten, secret, secrets, certes, secallona, secret, secreció, rectes, secret, segrest. |

# Agilitat visual

**Combina les síl·labes de la graella i escriu almenys tres paraules de dues síl·labes, cinc paraules de tres síl·labes i una paraula de quatre síl·labes.** ◆

| BI | ZAR | DI | ES | NA | FEC | NA | TUD | TEN | DRE | GA | TES |
|---|---|---|---|---|---|---|---|---|---|---|---|
| MAG | LLA | LIC | OR | NIS | CI | CON | VA | EM | POS | TI | TA |
| LA | GAR | TO | TAR | DE | IN | TA | BO | CA | ES | CO | VES |
| MIR | SOM | RES | NI | NA | CO | DOR | TRÀ | TAC | RI | CON | VA |

**Dues síl·labes:** _____

**Tres síl·labes:** _____

_____

**Quatre síl·labes:** _____

# Sinònims i antònims

**Busca en els requadres el sinònim i l'antònim que corresponen a cada paraula.** ◆

> **Sinònims:** usual, davall, notable, barrejar, culpar, confusió, ple, descobrir, marcades, confidencial, invisible, prémer, oposat, satisfet.

> **Antònims:** ordre, afluixar, damunt, insatisfet, buit, públic, llises, disculpar, separar, amagar, estrany, recte, evident, desconegut.

| Sinònims | Paraules | Antònims |
|---|---|---|
| | sota | |
| | acusar | |
| | invers | |
| | desapercebut | |
| | secret | |
| | corrent | |
| | famós | |
| | embolic | |
| | atapeït | |
| | sadoll | |
| | estrènyer | |
| | gravades | |
| | detectar | |
| | mesclar | |

# Ordre alfabètic

**Escriu en ordre alfabètic les paraules de la columna central.** ◆

_____  _____  _____  _____

_____  _____  _____  _____

_____  _____  _____

_____  _____  _____

# Identificació de paraules

En aquestes dues graelles hi ha vuit paraules repetides. Marca-les amb una creu (X) en la segona graella. ◆

| La | confirmaven | interessat | casualitat | mètode | tres |
|---|---|---|---|---|---|
| gravades | a | ràdio | antenes | relació | adormit |
| dormia | sorolls | cintes | lletres | per | bens |
| les | música | filtres | claus | zero | clau |
| tornavís | molt | telèfon | era | els | decimal |

| llampec | cintes | distorsionats | embolic | era | tanca |
|---|---|---|---|---|---|
| clau | sospites | detectiu | terrat | nombres | les |
| instal·lació | memòria | La | gossos | harmonia | significat |
| gravades | tècnics | en | a | xifres | quadrat |
| lucidesa | sideral | triomfalment | binari | tres | topaven |

Ordena les paraules que has marcat i podràs formar una frase del capítol 14.

---

# Missatge secret

Segueix la clau (E = esquerra, D = dreta) i descobriràs el missatge secret. ◆

| E | | D |
|---|---|---|
| E | 1 | L |
| T | 2 | M |
| B | 3 | I |
| Q | 4 | D |
| V | 5 | O |
| S | 6 | C |
| U | 7 | R |
| A | 8 | P |
| N | 9 | H |
| J | 10 | F |

1D 1E 2D 3E 5D 1D 3D 6D   4E 7E 1E   6E 9D 8E 5E 3D 8E

10D 1E 2E   8E 1D   6D 8E 8D   8E 2D 3E   1E 1D 6E

9E 5D 2D 3E 7D 1E 6E   1E 7D 8E   8D 3D 2E 10E 5D 7D   4E 7E 1E

1E 1D   4D 1E   1D 8E   3E 8E 2E 8E 1D 1D 8E   4D 1E 1D 6E

3E 1E 9E 6E   6E 8E 1D 2E 8E 9E 2E   1D 8E   2E 8E 9E 6D 8E

## Camp visual

**Aquest paràgraf està escrit de manera que el puguis llegir fàcilment fent quatre fixacions per línia. Llegeix-lo dues vegades en diferents moments.** ◆

|   | A | B | C | D |   |
|---|---|---|---|---|---|
| | Ja no podia més, | | | | |
| | | l'embolic que | | | |
| | | | s'havia fet al cap | | |
| | era pitjor que el | | | amb els nombres | 1 |
| | | de la batalla | | | |
| | | | dels bens | | |
| | Començava a tenir | | | saltant la tanca. | 2 |
| | | una son terrible. | | | |
| | | | La Maija se'l | | |
| | adormit | | | va trobar | 3 |
| | | damunt una | | | |
| | | | taula plena | | |
| | atapeïts | | | de papers | 4 |
| | | de xifres | | | |
| | | | inacabables | | |
| | —Flippy, | | | pertot arreu. | 5 |
| | | desperta't, | | | |
| | | | que cauràs | | |
| | –li va dir la Maija | | | de la cadira | 6 |
| | | tot sacsejant-lo | | | |
| | | | suaument | | |
| | | | | per les espatlles. | 7 |

Temps 1: _____     Temps 2: _____

## Agilitat visual

**Busca amb rapidesa quina posició ocupen les paraules següents.** ◆

| tanca _____ | l'embolic _____ | cadira _____ | espatlles _____ |
|---|---|---|---|
| xifres _____ | s'havia fet _____ | arreu _____ | taula _____ |
| pitjor _____ | sacsejant-lo _____ | nombres _____ | cauràs _____ |
| bens _____ | atapeïts _____ | a tenir _____ | papers _____ |

## Reconstrueix el text

**Si ordenes els rectangles, construiràs un fragment d'aquest capítol.** ◆

| ( 1 ) Encara que algú, | ( ) i canviaria | ( ) per casualitat, |
| ( ) per la ràdio | ( ) d'emissora. | ( ) escoltés |
| ( ) ràpidament | ( ) aquests sorolls, | ( ) no comprendria res |

_____

_____

_____

## Lectura en veu alta

**El doctor Crowley ha infectat l'ordinador de la Maija amb un virus que fa que nombres i lletres es confonguin. Llegeix aquest fragment del capítol 14 sense trencar el ritme de lectura. Després, respon les preguntes.** ◆

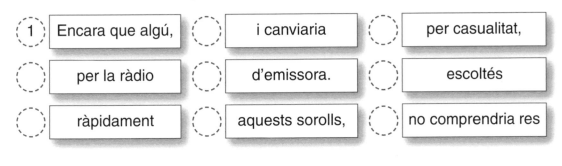

Mentre en Fl3pper dorm3a tot s6miant 6mb els n4mbr3s, la M2ija, en un lla5pec de lu9id8sa, ha7ia rec4rdat d3 què c5n2ixia la car4 de l'Ed7ar8o. L'ha7ia v8st d6s m7sos a2ans, a8b un to7navís a la mà. Era al tall5r de rep2rac5ó d'or4in1dors on ha6ia en5iat el seu pe2què hi ins7al·less6n una 2mpl5ació de m6mòr8a. L'E5u9rdo era un d2ls tèc6ics, i va rec5rd6r el d2tall de la 3ella p4rti8a, que li h8via cri6at f3rça l'at2nc8ó. T6t i que s'ha5ia mostr6t m3lt i7tere4sat a fer la ins6al·la2ió ell pers6nalm3nt, no li va se5blar so8pit2s. N2més va ha4er de dei2ar Mu2o un pa7ell de di8s al t9ller. Qu5n el va anar a r2coll8r, l'Ed7ard5 no hi er2, i ella no hi va t7rnar a p7ns5r m2i més.

✳ La Maija, on havia vist l'Eduardo?

_____

✳ Quin detall de l'Eduardo li havia cridat l'atenció?

_____

✳ Què necessitava el seu ordinador?

_____

✳ Quant de temps van trigar a fer la reparació?

_____

## Comprensió de la lectura

1. **Perquè fos més gran l'escarment, el guió fals...**
   a) seria diferent de tots els anteriors.
   b) seria copiat íntegrament d'un programa que ja s'havia emès.
   c) seria molt original.

2. **En Pedro opinava que la Maija era la millor...**
   a) guionista dels darrers cent anys.
   b) guionista d'audiovisuals del món.
   c) presentadora de televisió.

3. **Sabia algú que la Maija ja no treballava per a Canal 12?**
   a) Ho sabia tothom.
   b) Només ho sabien els companys.
   c) No ho sabia ningú.

4. **Els programes de l'anterior guionista eren...**
   a) pobres d'estil i una mica avorrits.
   b) massa luxosos.
   c) molt dolents.

5. **La idea de la Maija era genial, però ningú no es podia adonar que era un programa...**
   a) que contenia molta publicitat.
   b) que ja havia estat emès.
   c) que s'havia fet a corre-cuita.

6. **Un altre missatger va deixar a casa de la Maija...**
   a) tots els guions del programa.
   b) una cartera i uns quants folis.
   c) una cinta de vídeo i un sobre.

7. **A la tarda, la Maija va escriure el guió que...**
   a) es gravaria realment als estudis de Canal 12.
   b) robaria el doctor Crowley.
   c) mai no s'emetria per Canal 12.

8. **La nit va anar creixent mentre anàvem...**
   a) esperant que en Flipper agafés la son.
   b) esperant la transmissió del programa.
   c) explicant històries fabuloses.

9. **En Pedro els va parlar de...**
   a) la crisi per la qual passava Canal 12.
   b) les seves aventures a l'interior de la selva de l'Amazones.
   c) l'èxit que havia tingut Canal 12.

10. **Per qui va brindar la Maija?**
    a) Per la salut dels lladres descoberts.
    b) Per la prosperitat de tots els presents.
    c) Per l'amistat de tots els presents.

11. **En Pedro Cardenal va lliurar el guió veritable...**
    a) amb tota urgència, aquella mateixa nit.
    b) perquè el gravessin immediatament.
    c) divendres a les tres de la tarda.

12. **A qui va lliurar en Pedro el guió?**
    a) Al director de programes de Canal 12.
    b) Al notari, al mateix temps que ho feia el doctor Crowley.
    c) Al seu advocat.

13. **La gravació es va fer sense incidents...**
    a) als estudis de Canal 12.
    b) en un local barrat a tota persona estranya.
    c) als estudis de Canal Total.

14. **La Maija va encendre una pantalla gegant...**
    a) dintre de l'estudi perquè tothom pogués veure el programa.
    b) perquè tots s'adonessin del plagi.
    c) per desemmascarar els lladres.

15. **El decorat de Canal Total era...**
    a) completament diferent del real.
    b) una còpia exacta del vertader.
    c) més aviat una còpia d'un vell decorat.

16. **El decorat era l'interior d'un cos humà gegantí...**
    a) que ocupava tot l'espai de l'estudi.
    b) amb els òrgans completament transparents.
    c) amb els òrgans canviats de lloc.

17. **Els concursants seguien diferents pistes...**
    a) per canonades d'artèries i nervis.
    b) per la rodalia de l'estudi, fins i tot.
    c) perquè l'anell estava molt amagat.

18. **Un policia va reconèixer l'enginyer perquè...**
    a) anava disfressat de xeic àrab.
    b) li va caure una bola de vidre i li va aixafar un dit del peu.
    c) s'adonà de la cicatriu de la cella dreta.

19. **Com van acabar en Poc i en Moc?**
    a) Fent de pallassos en un circ ambulant.
    b) Venent hamburgueses a Móstoles.
    c) Fent de conserges.

20. **Com és que l'escriptor del llibre va arribar a conèixer aquesta història?**
    a) Perquè és el mateix Flipper qui l'escriu.
    b) Perquè la va llegir als diaris.
    c) Perquè ell també estava convidat a la festa.

# Vocabulari

**Escriu cada paraula o expressió del requadre davant de la definició adequada.** ◆

| llinya desfeta aclaparador remitent ham expectació |
| encarregat fabuloses estar entre reixes preparar un esquer |

_____ Persona que s'ocupa de la bona marxa d'un afer o negoci.

_____ Ganxo petit de metall que serveix per pescar. Engany.

_____ Estar a la presó.

_____ Que són increïbles perquè són insòlites, exagerades o fruit de la imaginació.

_____ Que resulta greu i feixuc.

_____ Derrota completa, sense pal·liatius.

_____ Idear un parany amb la finalitat d'enganyar algú.

_____ Persona que envia una cosa a algú.

_____ Cordill d'una canya de pescar.

_____ Espera d'una cosa amb curiositat i interès perquè se sent propera.

# Per llegir millor

**Fes el recorregut de cada columna fixant la vista en la línia central. Has de llegir cada paraula o expressió d'un sol cop d'ull.** ◆

| | | |
|---|---|---|
| desitjar | brindar | victòria |
| remitent | celebrar | desfeta |
| realment | tribunals | faltaven |
| contracte | matinada | missatger |
| enregistrat | encarrega | clarament |
| distorsionat | escarment | reconèixer |
| jutjat central | íntegrament | directament |
| aplaudiments | estabilitzada | necessitava |
| aclaparadores | estar derrotat | pensaments |
| una gasolinera | seves funcions | triomfalment |
| hamburgueses | radioafeccionat | la gran ovació |
| trasplantament | emmagatzemats | una gran festa |
| estaràs esperant | el meu ordinador | sense incidents |
| preparar l'esquer | una cinta de vídeo | desembolicaries |
| copiat íntegrament | aquests programes | travessa la duana |
| els seus programes | enginyer de camins | dos quarts de deu |
| una pantalla gegant | tota la seva història | eren els convidats |
| van començar a copiar | tothom pogués veure | van sortir a escena |

Temps 1: _____

Temps 2: _____

## Fes memòria

Subratlla les deu paraules o expressions que han sortit en les tres columnes de la pàgina anterior. ◆

▶ enregistrat        ▶ aeroport        ▶ aclaparadores        ▶ esperant el notari

▶ guió fals          ▶ antivirus       ▶ nivell d'audiència   ▶ estar entre reixes

▶ tot l'afer         ▶ escarment       ▶ radioafeccionat      ▶ clarament

▶ triomfalment       ▶ gravació        ▶ parar-los una trampa ▶ dos quarts de deu

▶ tribunals          ▶ hamburgueses    ▶ aplaudiments         ▶ preparar l'esquer

## Per llegir millor

Numera les línies de la pàgina 104. Llegeix la pàgina i, després, contesta les preguntes següents. ◆

**A. En quina línia hi ha les paraules següents?**

▸ fabuloses    _____
▸ esquer       _____
▸ engegar      _____
▸ missatger    _____
▸ dades        _____
▸ remitent     _____
▸ reixes       _____
▸ dinar        _____
▸ ampolles     _____
▸ disquet      _____

**B. En quina línia hi ha les expressions següents?**

▸ seria divertit               _____
▸ ampolles del millor cava     _____
▸ cap mena                     _____
▸ històries fabuloses          _____
▸ l'hauran de fer entre reixes _____
▸ car de fer i de mal gust     _____

**C. En quina línia hi ha la resposta a les preguntes següents?**

▸ En acabar, què va encarregar?      _____
▸ Quan va arribar el missatger?      _____
▸ Què portava el missatger?          _____
▸ Com s'ho va passar en Flipper?     _____
▸ A qui havia convidat a sopar?      _____
▸ Qui era el remitent?               _____
▸ Quan s'havia emès?                 _____
▸ Què va fer la Maija a la tarda?    _____

## Per llegir millor

En aquestes columnes hi ha algunes paraules repetides. Digues quines són i quantes vegades es repeteixen. ◆

| pescadors | missatger | engegar |
|-----------|-----------|---------|
| esquer | aplaudiment | aïllar |
| ordinador | lliurats | veritat |
| inoblidable | decorat | enginyer |
| augmentar | lliurats | sorolls |
| escarment | encarregats | freqüència |
| esquer | expectació | gravada |
| esquerre | missatger | enginyer |
| fabuloses | dificultat | contractar |
| trampa | lliurats | freqüència |
| inoblidable | divendres | transmetre |
| dimissió | clarament | enginyer |
| esquerp | contractar | fragància |
| gravació | registrat | enginyer |
| fabuloses | lliurats | aïllar |
| esborrar | missatger | freqüència |
| realment | expectació | aïllar |
| fabuloses | lliurats | freqüència |
| esquer | missatger | aïllar |
| incident | expectació | convidats |

| Paraula | Vegades |
|---------|---------|
| _____ | ____ |
| _____ | ____ |
| _____ | ____ |

| Paraula | Vegades |
|---------|---------|
| _____ | ____ |
| _____ | ____ |
| _____ | ____ |

| Paraula | Vegades |
|---------|---------|
| _____ | ____ |
| _____ | ____ |
| _____ | ____ |

## Agilitat visual

Fes aquestes activitats tan ràpid com puguis. ◆

1. Escriu les paraules que porten accent obert.

_____

2. Escriu les paraules que tenen el dígraf *qu*.

_____

3. Escriu la paraula que porta el dígraf *ny*. _____

4. Escriu les paraules que tenen 10 lletres o més.

_____

_____

## Camp visual

**Llegeix horitzontalment aquestes línies fent una fixació en les dues primeres columnes i dues fixacions en la tercera columna.** ◆

| | | |
|---|---|---|
| 1. L'endemà, | als jutjats centrals | de la plaça Castilla, |
| 2. s'admetia la | denúncia presentada contra | el doctor Crowley i Eduardo Moll |
| 3. per robatori, | suplantació i plagi. | Les proves eren aclaparadores: |
| 4. cintes gravades, | declaracions, sobres | lliurats al notari i, sobretot, |
| 5. un darrer programa | que, a mes a més de ser | molt dolent, havia estat copiat |
| 6. íntegrament | d'un altre ja emès per televisió | anteriorment. |
| 7. Van aconseguir | arrestar el doctor Crowley | i Eduardo Moll quan eren a punt |
| 8. de travessar | la duana de | l'aeroport de Barajas. Un policia, |
| 9. que tothom | va felicitar després, | va reconèixer l'enginyer |
| 10. per la cicatriu | de la cella dreta, | malgrat que s'havia disfressat |
| 11. de xeic àrab. | Al doctor Crowley, | li va caure la bola de vidre |
| 12. i li va aixafar | un dit | del peu esquerre. |
| 13. En Poc i en Moc | van acabar venent | hamburgueses a Móstoles, |
| 14. i mai més ningú | no es va tornar | i a recordar d'ells. |
| 15. En Flipper encara | reservava a la Maija | l'última sorpresa. Havia destapat |
| 16. els budells | de l'ordinador Mumo | i li havia arrencat el «xip» espia, |
| 17. talment com | un dentista arrenca | un queixal corcat a un pacient. |
| 18. A més, hi havia | instal·lat un protector | antivirus i una aspirina. |

## Forma frases

**Construeix almenys tres frases utilitzant les paraules del requadre. Pots fer servir una mateixa paraula en frases diferents.** ◆

> Els    dades    la    trobar    molt    van    companys    virus
> a    informació    destrueixen    Internet    informàtics    ho    tota

_____

_____

_____

# Encadenats

**Escriu les paraules de la columna en el lloc adient de l'encadenat.** ◆

esquer
presentadora
polsegosa
transparent
remitent
ovació
íntegrament
notari
robatori
cava
cicatriu
localitzar
aclaparadores
inoblidable
desfeta
proves
duana
detectiu
virus
decorats
tribunals
guionista
convidats
jutge

# Completa paraules

**Completa les paraules amb les lletres que hi falten.** ◆

AC_AP_RADORES    DEN_IST_    CONC_RSAN_S
AU_OEST_PIST_    D_SF_ES_AT    TRI_UNAL_
_NTEGR_MENT    CON_IDA_S    AU_ME_TAR
TRAN_PAR_NTS    ESQ_E_RE    _NGIN_ER
HA_BURG_ES_S    I_PORTAN_S    P_LSE_OSA
AP_AUDI_ENT_    FA_ULOS_S    DE_OST_AR_A

# Fes memòria

**Ara que ja has acabat de llegir el llibre, intenta recordar-ne alguns detalls.** ◆

1. La protagonista es diu _____

   El seu company d'aventura es diu _____

   I l'estima molt perquè és el seu _____.

2. La protagonista treballa com a _____

   Sempre deixa els seus treballs a la memòria d'un ordinador que es diu

   _____

   El programa de televisió es titula _____

   i es transmet per un canal de televisió que es diu _____

3. El canal de televisió de la competència es diu _____

   Aquest canal emet un programa titulat _____

   Els presentadors d'aquest programa són dos pallassos que es diuen

   _____

   El guionista és una persona que es fa dir _____

   El problema d'aquest programa és que és idèntic al que emet

   _____

4. La protagonista va rebre l'ajuda decisiva del director del

   _____

   El seu nom és _____

   I el seu ordinador és conegut amb el nom d'_____

   Fes memòria i digues com és en Javier:

   _____

   _____

   _____

5. La protagonista aconsegueix solucionar l'embolic perquè, com a senyal característic de la seva cara, un dels lladres té

   _____